U0670875

光明传媒书系

中国传统节日文化
对外传播研究

匡 野｜著

光明日报出版社

图书在版编目（CIP）数据

中国传统节日文化对外传播研究 ／ 匡野著 . －－北京：
光明日报出版社，2021.7

ISBN 978－7－5194－6212－3

Ⅰ.①中… Ⅱ.①匡… Ⅲ.①节日—风俗习惯—传播
—研究—中国 Ⅳ.①K892.1

中国版本图书馆 CIP 数据核字（2021）第 153942 号

中国传统节日文化对外传播研究
ZHONGGUO CHUANTONG JIERI WENHUA DUIWAI CHUANBO YANJIU

著　　者：匡　野

责任编辑：史　宁　　　　　　　　责任校对：陈永娟
封面设计：中联华文　　　　　　　责任印制：曹　净

出版发行：光明日报出版社

地　　址：北京市西城区永安路 106 号，100050

电　　话：010－63169890（咨询），010－63131930（邮购）

传　　真：010－63131930

网　　址：http：//book. gmw. cn

E－mail：shining@ gmw. cn

法律顾问：北京德恒律师事务所龚柳方律师

印　　刷：三河市华东印刷有限公司

装　　订：三河市华东印刷有限公司

本书如有破损、缺页、装订错误，请与本社联系调换，电话：010－63131930

开　　本：170mm×240mm

字　　数：180 千字　　　　　　　　印　　张：14

版　　次：2021 年 7 月第 1 版　　　　印　　次：2021 年 7 月第 1 次印刷

书　　号：ISBN 978－7－5194－6212－3

定　　价：95.00 元

版权所有　　翻印必究

序

21 世纪初，美国哈佛大学教授塞缪尔·亨廷顿（Samuel P. Huntington）为冷战后的世界政治经济格局提出了"文明的冲突"理论范式，引起了世界范围内对文化传播、文化交融与文化冲突等相关议题的关注与思考。在这个东西方政治、经济、文化千年未有的历史大变局中，中国的角色是什么以及怎么扮演这个角色，文化和传播无疑将是一个重要的内容。

自古以来，中国的形象在西方人的眼里几经变化。从中世纪和地理大发现时的神秘国度，到冷战时期的"集权制"国家、改革开放后的"中国威胁论"，中国在西方的眼里似乎一直没有正面的形象。西方的这种认知和行为的偏差固然来自历史和政治的偏见与傲慢，但是，也有信息传播偏位、文化传播不到位等方面的原因。因此，如何消除西方国家对中国认知的谬误和敌意，是中国对外传播的首要任务。而在众多的传播内容中，优秀的传统文化无疑是比新闻更有柔性、更有感染力、更容易被接受的内容之一。

在我国众多民族优秀的传统文化中，丰富多彩的传统节日文化是最具特色、最典型、最有艺术感染力和国际影响力的杰出代表。经过上千年的淬炼、传承与发展，我国的节庆文化体现了顺天时、重人伦、爱集体等多重价值理念与哲学思想，同时具有生动活泼的艺术表现形式和民俗色彩，在周边国家和世界华人聚集区中一直传承不断，影响深远。北京大学新闻与传播学院自 2010 年在全国首次设立节庆礼仪文化与传播博士点以来，培养了多名节庆礼仪方面的博士，匡野是其中最早的一批之一。攻读博士学位期间，匡野在我国传统节日文化传播方面进行了较为扎实、系统的研究，发表了多篇论文，学术成果颇丰。毕业后，匡野就职于中国传媒大学新媒体研究院，对于如何利用新媒体对外传播我国传统节日文化有了更新的体会和思路。本书是在其博士论文基础上结合近年的研究新得融合而成。希望本书出版后能够有助于将如何对外传播传统文化的问题引向深入，并对对外传播的实践工作有所启示，也希望匡野在未来的研究中取得更大的成就。

　　是为序。

陆地

庚子槐月于燕园

自 序

党的十八大以来，以习近平同志为核心的党中央高度重视中华优秀传统文化的传承发展，始终从中华民族最深沉精神追求的深度看待优秀传统文化，从国家战略资源的高度继承优秀传统文化，从推动中华民族现代化进程的角度创新发展优秀传统文化，使之成为实现"两个一百年"奋斗目标和中华民族伟大复兴中国梦、协调推进"四个全面"战略布局的根本性力量。2017 年 5 月 14 日，国家主席习近平在北京出席了"一带一路"国际合作高峰论坛开幕式，并发表了重要演讲，指出将"一带一路"建成文明之路。"一带一路"建设要以文明交流超越文明隔阂、文明互鉴超越文明冲突、文明共存超越文明优越，推动各国相互理解、相互尊重、相互信任。在这一背景下，中医、戏曲、武术、饮食、节日等作为我国传统文化的核心代表纷纷登上国际舞台。其中，我国传统节日文化经过上千年的传承与发展，饱含我国传统文化中顺天时、重人伦、思集体等多重价值理念与哲学思想的精髓，在当下具有极为重要的对外传播价值和现实意义。通过我国传统节日，以民众喜闻乐见、广泛参与的形式把跨越时空、超越国度、富有永恒魅力、具有当代价值的传统文化精神向世界传播出去。本研究试图通过对目前我国传统节日文化对外传播的各项资源进行有效整合，为今后我国传统节日文化在"一带一路"沿线国家和地区开展传播活动提供科学合理、切实可行的发展路径，全面提升其对外传播的效果与影响，在使海外的民众能够更好地认识和了解我国传统节日以及节日之中所蕴含的传统文化精髓的同时，为中华文化"走出去"国家发展目标的全面实施提供更为有力的支持与保障。

本研究通过采用文献分析、文本分析、深度访谈、个案分析以及跨学科研究等多种研究方法，首先对我国传统节日文化"一带一路"沿线国家和地区传播的依据及目标进行了全面阐释，指明当下我国传统节日文化在"一带一路"沿线国家和地区传播的必要性、可行性与紧迫性，所依据的理论支撑以及未来工作的方向及重点；其次从我国传统节日的缘起、基本特征、文化内涵以及哲学思想等方面针对我国传统节日的本体进行深入挖掘，明确我国传统节日文化对外传播的核心内容；再次对当下我国传统节日对外传播活动的各项资源与实际传播效果进行细致的剖析，充分掌握活动开展的具体情况、优势及不足之处；最后在综合上述研究的基础上，提出我国传统节日对"一带一路"沿线国家和地区传播的发展倡议以及提质增效的具体实施路径。

经过深入分析，本研究认为，短期内，我国传统节日文化对"一带一路"沿线国家和地区传播的工作重点应集中在巩固春节国际地位，丰富我国传统节日对外传播渠道及方式，以及精炼我国传统节日文化对外传播内容等方面。与此同时，还应将以春节为依托推动我国其他传统节日走出去，建立健全我国传统节日在"一带一路"沿线国家和地区传播的评估体系，以及使海外民众通过我国传统节日文化深入了解我国传统文化精髓作为我国传统节日对外传播的长期任务。针对上述目标，在综合分析我国传统节日对外传播的现实情况后，本研究提出了我国传统节日对外传播的节日品牌、媒体海外拓展、传播主体及渠道培养以及活动效果评估，并在此基础上进一步提出了传播力与影响力协同发展，节日文化与节日产品共同传播，以及相似相容原理充分运用等我国传统节日对外传播提质增效的具体实施路径。

目　录
CONTENTS

第一章

绪　论

第一节　研究对象及问题

一、研究对象

本研究所考察的研究对象为我国传统节日文化在海外国家的传播活动。作为一种特殊的传播行为及现象，我国传统节日文化对外传播活动往往受多重因素的制约与影响，传播链条上的各个环节均存在一定的复杂性与不确定性。为了保证研究的科学性、有效性与合理性，本研究将研究对象进一步细分为我国传统节日对外传播的理论依据、目标规划、对外传播的核心内容、资源利用以及发展方式五个子对象。

二、研究问题

针对上述研究对象，本研究主要尝试研究并回答以下几个问题：

第一，在当下开展我国传统节日文化对外传播活动的理论依据是什么？这一问题的提出主要是为了回答目前我国传统节日文化在海外国家传播的必要性、可行性与紧迫性，并考察其所遵循的理论依据等问题。对此，笔者将从经济、文化、政治以及社会层面展开多维度论述，指出在当下我国传统节日文化对外传播活动的现实意义及重要价值，并着重阐述周边传播论对于我国传统节日文化对外传播活动所具有的重要理论指导意义。

第二，我国传统节日文化在对外传播过程中目标规划是什么？这一问题的提出主要是为了明确未来我国传统节日文化对外传播活动开展的工作重点及发展方向。对此，笔者将从短期亟待解决的问题以及长期需要建立的体制机制入手，对我国传统节日文化在海外国家传播活动的深入开展进行顶层设计与宏观规划。

第三，党的十八大以来，习近平总书记在"一带一路"国际高峰合作论坛、中国共产党第十九次全国代表大会等海内外多个重要场合反复强调和阐述了中国坚持全方位对外开放的重要意义，为完善全球治理建言献策，提出了"构建人类命运共同体"这一凝聚了高度智慧的核心理念，赢得了国际社会的广泛认同和赞誉。那么，我国传统节日文化中是否含有可为全人类所共享的普世价值与哲学思想能够为这一宏大议题的最终实现提供动力支持？这一问题的提出主要是为了明确我国传统节日文化对外传播的核心内容。对此，笔者将针对我国传统节日本体进行研究，分别从节日的缘起、基本特征、价值归宿、现代转型等方面进行系统考察，归纳出我国传统节日所具有的核心价值理念与哲学思想，明确我国传统节日文化对外传播活动开展过程中所应传递和表达的中心思想。

第四，当下我国传统节日文化在对外传播活动中呈现出何种趋势及不足？这一问题的提出主要是为了掌握目前我国传统节日对外传播过程中所拥有的各项资源及其具体的实施效果。对此，笔者将针对我国传统节日对外传播活动的环境资源、政府资源、媒体资源以及其他资源进行全方位、立体式的剖析和解读。

最终，笔者将在充分理解与回答上述四个问题的基础上，提出我国传统节日对外传播的发展方式，以及提质增效的具体实施路径。

在此，还须特别指出的是，我国传统节日对外传播研究完全是根据当下我国国际传播发展的实际需要，在日益受到我国政府及学界高度重视后孕育而生的。因此，可以肯定的是，与此议题相关的理论研究尚处于学术研究的初期探索阶段，研究对象、研究内容、研究方法、研究资料乃至研究成果相对单薄。而作为单个研究者，笔者迫于时间及精力所限，在此只能围绕这一议题尽个人最大努力做一些一般性的研究与探讨。这些研究与探讨完全是根据笔者当前所能够收集与掌握到的所有相关资料与数据做得最为基础的（不完全的）分析与研究，在得出一定的研究结论与成果的同时，更重要的是希望能够以此引发后续更多部门、机构及学者对此议题的关注与兴趣，以便在不久的将来能够有更多的仁人志士针对这一议题进行更为深入的探索与系统的研究。

第二节　研究意义及创新点

一、理论意义

本研究主要包含两大关键性要素：传统节日与对外传播。因此，包括传播学、社会学、民俗学、心理学以及人类学等在内的众多学科的理论框架及研究成果对本研究具有极为重要的理论意义与实用价值。

首先，就传播学来说，与本研究相关的研究主要（并不完全）从国际传播与跨文化传播两个维度展开。国际传播作为一门独立的学科门类形成于20世纪90年代以后，而跨文化传播学则产生于20世纪50年代二战后的美国，由美国著名文化人类学者爱德华·霍尔（Edward Twitchell Hall Jr.）提出。虽然两门学科的发展历史并不久远，但二者始终是传播学学科研究和发展过程中极为重要的组成部分，历来受到中西方学者的广泛关注与高度重视，相关领域的专著、论文可谓浩如烟海，研究成果极为丰富。比较来说，国际传播更加注重对新闻媒体国际影响力、国际话语权争夺以及意识形态输出等内容和问题的分析与探究。而跨文化传播则倾向于关注不同文化群体间因相互接触交流而产生的一系列问题。粗略来讲，本研究的议题在属于国际传播中对外传播的部分之余，同时作为一种文化的对外传播活动，也不可避免地要涉及跨文化传播的相关内容。

其次，就民俗学来说，我国传统节日始终是其关注的重点。近年来，以李汉秋、萧放、张勃、陆地等为代表的民俗学家经过多年的研究与探索，在我国传统节日研究方面取得了丰硕的成果。专家们对于我国传统节日的基本特征、形成原因、价值功能以及哲学思想等众多内容的梳理、总结与概括，无疑帮助我国传统节日对外传播活动明确了所要传播的核心内容，是本研究能够得以进一步深入展开的必要条件和现实基础，对此笔者将在文献综述部分进行更为全面和详细的阐述。

最后，节日传播作为一种人与人之间的文化交流方式，近些年来也逐渐成为心理学的重要研究对象之一。通过着重研究及剖析各个国家、民族社会结构、政治经济体制以及文化阶层等相关问题与核心要素，心理学家努力解读异质文化在传播过程中所出现的种种社会现象以及由此引发的不同人群的特定行为，并竭力试图为其中的种种缘由找出科学合理的解释与说法。其中，社会心理学作为心理学的基础分支，从威廉·麦独孤（William McDougall）的《社会心理学绪论》出版起至今，经过上百年的发展，始终聚焦于人际交往中的各种重要问题与关键环节，更是发展出了跨文化研究①等一系列新的社会心理学研究方法。此外，从 20 世纪 60 年代开始，文化成为心理学研究的重要领域，学者们通过发展理论、构建模型等众多方法，针对人类心理和文化习俗之间相互影响与作用的关系问题展开研究，揭示二者之间互相整合与运作的机制问题。不难看出，跨文化传播效果的好坏往往要受到种族、民族信仰、意识形态、文化背景等多重因素的制约和影响，而民众对于外来文化的接受效果和接受程度也并非完全取决于其个人的自由意志。因此，在提出我国传统节日对外传播的发展方式时，必然要考虑到上述种种因素的实际作用与重要影响。

此外，诸如人类学、社会学、外交学、公共关系学等在内的其他学科也在一定程度上与本研究有所关联，相关理论建构与研究成果对于本研究的开展同样具有不可忽视的作用及价值。然而受篇幅和主旨所限，笔者在此不予赘述，如有需要，将在后续章节适时展开论述。

因此，在对上述相关学科研究成果进行初步分析后，笔者认为，本研究最大的理论意义与研究价值在于，首先，它突破了以往各学科研究成果局限于自身领域内的情况，通过采取跨学科、多学科交叉研究的方法与理念实现研究成果的有机整合与全面串联，从而使其能够更加有效地指导具体的实践活动。具体来说，本研究的主要对象首先可被视作一种对外传播现象，被置于传播学学科体系及理论框架范围内进行剖析。其次，本研究运用民俗学的现有理论基础和众多研究成果，对我国传统节日进行更深层次的分析与解构，准确地凝练出我国传统节日中所蕴含的哲学思想以及中国人千百年来所形成的人生观与价值观，明确我国传统节日对外传播的核

① 跨文化研究是指对不同国家、不同地区、不同民族的文化进行比较，研究它们的异同及其形成的原因，从而寻求人类文化的共同特征和普遍规律。

心内容。与此同时，本研究通过对我国传统节日对外传播活动各项资源的分析与整合，对于当下我国文化的对外交流与传播，尤其是传统文化的对外传播从理论层面给予了有效补充。最后，本研究对目前社会学、心理学、人类学、外交学、公共关系学等学科的相关研究成果进行合理借鉴与有机整合，为我国传统节日对外传播提出更加切合实际、具有较强针对性的发展路径，进一步增强对外传播的实际效果。综上所述，本研究具有很强的理论意义与研究价值，是未来学术研究中不可忽视的重要议题和关键领域。

二、创新点

如前所述，针对我国传统节日对外传播这一研究议题，众多学科均在不同程度上，在自身研究领域内取得了相应的成果。但仔细分析不难发现，实际上，学科与学科之间、研究与研究之间、成果与成果之间由于侧重不同，存在着明显的界限与隔阂，相互间不具备关联性与延续性，无法进行有机整合与协调互补，因而不能够在现实层面上为中华文化"走出去"这一宏大议题提供理论性的指导与策略性的建议。因此，本研究的创新点在于，它采取了跨学科、多学科交叉研究的方法与理念，广泛涵盖并融会了传播学、社会学、民俗学、心理学以及人类学等多个学科中的相关基础理论与最新研究成果，针对议题进行了更加全面、更加系统，以及更加深入的理论创新与系统建构，尝试形成有效的理论模型，取得更为客观、科学和具有现实指导意义的研究成果。此外，就目前现有研究成果来看，在文化对外传播领域，很少有专门以我国传统节日作为主要研究对象的成果问世，本研究有效地弥补了这一领域的空白与缺失。

第三节　研究方法

　　本研究主要包括议题选择、研究设计、文献综述、概念界定、资料收集、资料分析、提炼理论以及形成结论等阶段，并按以下研究思路逐步展开。第一，系统综述目前海内外与我国传统节日对外传播相关的各类研究成果，吸收精华，总结不足，为本研究的进一步开展打下坚实的基础。第二，详细厘清本研究所涉及的核心要素及重要概念，明确研究的基本对象及主要问题。第三，深入分析我国传统节日的基本要素，提炼、总结我国传统节日文化的内涵与外延，明确我国传统节日对外传播的核心内容。第四，全面梳理我国传统节日对外传播所拥有的各项资源与实际运用效果。第五，仔细探究西方传统节日文化在我国盛行的缘由及模式。第六，有机整合上述研究与分析，提出我国传统节日对外传播的发展发式及提质增效的具体实施路径。为此，本研究将主要采用文献分析法、内容分析法、深度访谈法、个案分析法以及跨学科研究法。

一、文献分析法

　　文献分析法是学术研究中较为常用的一种研究方法。通过对相关文献的分析与研究，研究者能够详细了解所研究议题的历史发展脉络，形成关于研究对象的一般性印象，便于在前人研究成果的基础之上展开研究。在本研究中，笔者采用文献分析法对传播学、社会学、民俗学、心理学以及人类学等众多学科的研究成果进行系统梳理，为本研究的进一步开展提供科学的理论依据和支撑。同时，通过对现有文献的梳理，笔者还能够从更加宏观、更加多维的角度审视研究议题及对象，发现目前研究领域中存在的问题与不足，从而更好地细化、精化研究方向与研究重点。此外，运用此种研究方法，笔者还能够在研究资源有限的情况下，最大限度地提升研究的效率与质量。

二、内容分析法

在官方语境下，我国传统节日对外传播活动的开展，既有政府部门在海外组织的各类节日文化交流活动，也包括国内官方媒体对各个传统节日所进行的宣传与报道。并且，在大众传播及网络传播时代，媒体所能够覆盖到的受众无疑要远远多于政府相关部门所开展的具体实践活动，更有可能对传播对象带来长期、持续以及深远的影响。因此，要想了解我国传统节日对外传播的具体现状，对我国官方媒体相关报道的研究必不可少。有鉴于此，本研究选取人民网及中国日报网作为研究对象，采用内容分析法，对二者在2014年发布的与我国传统节日相关的报道进行深入研究，通过对报道数量、报道篇幅以及报道内容等方面的分析，揭示我国传统节日通过官方媒体对外传播的特点及不足。凭借内容分析法的系统性、客观性以及定量性，本研究将大量的原始资料转化为可供分析的数据和内容，并将分析结果以定量化或半定量化的方式进行呈现，方便读者更加直观地掌握我国官方媒体对外传播传统节日的具体情况。

三、深度访谈法

深度访谈是定性研究中最为基础和重要的研究方法之一。与一般的"谈心"不同，访问员旨在通过与被访者交流，了解其对事件的认知、了解、记忆、感受、意见等；与一般的文献搜集不同，访问员通过对记录下来的"活"的信息进行再现与归类，以便能够对研究对象有更加深入的分析和动态地把握（吴铎，2011）[81]。通过与国内权威专家学者进行面对面的深入交谈，研究者不仅可以更加充分地了解事物的全貌及深层次的因果关系，同时还可以进行合理的横向比较，多角度、多维度地探究问题的本质。

为了深入了解我国传统节日所具有的文化内涵与哲学思想，以及对外传播过程中的具体现状，本研究采用深度访谈法，与学者及专家展开一对一、面对面的对话与交流。同时，为了保证被采访对象的有效性和代表性，笔者在访谈前期做了较为充分的准备，初步拟定了一份15人的访谈名单（访谈名单见附录一），并且15位被采访对象均在学界或业界享有一定的威望及声誉。此外，为了获取更加全面的访谈对象，笔者还配合使用了"滚雪球抽样①"的研究方法，即在每一次访谈结束时都要求被访谈对象推荐另外一位与本研究议题密切相关的专家或学者作为备选访谈对象（以备名单中有访谈对象因故不能接受采访时进行替换）。同时，每次访谈都采用半结构式访谈的方法，即采取不预设立场、不限制受访者发言时间和谈论范围的访谈原则，期待能从中发现更加丰富的观察角度与更加多元的研究思路。

四、个案分析法

个案分析法是定性研究中比较常见的一种方法，是形成更一般的通则式理论的基础研究方法。研究者通过将注意力集中在一个或几个典型案例

---

① 先收集目标群体少数成员的资料，然后再向这些成员询问有关信息，找出他们认识的其他总体成员。所谓滚雪球，就是根据既有研究对象的建议找出其他研究对象的累积过程。艾尔·巴比. 社会研究方法 [M]. 邱泽奇，译. 11 版. 北京：华夏出版社，2009：185.

上，对案例各方面的资料进行充分的收集与完全地占有，并在此基础上进行深入的分析与比较，寻找推动事件发展的内因与外因。本研究中，笔者根据实际研究需要，针对"欢乐春节"进行个案分析，充分了解目前我国政府层面在传统节日对外传播过程所取得的进展以及所存在的不足。

五、跨学科研究法

跨学科研究法是一种通过"运用多学科的基础理论、研究方法和研究成果从整体上对研究议题进行综合研究的研究方法，也称'交叉研究法'"（马薛刚，2011）[4]。如前所述，本研究涉及民俗学、传播学、社会学、心理学以及人类学等众多学科的理论框架、基本概念与研究成果，因此采用跨学科研究方法是极为必要的。然而，需要指出的是，受限于笔者个人的时间与精力，针对上述各学科与本议题相关内容的研究无法做到面面俱到，但笔者对于此种研究方法的思考、运用以及尝试，则充分表明了笔者在整个研究过程中自始至终所秉持的系统、科学、严谨的研究态度。

第四节　文献综述

正如费孝通（2013）[202]所说，"不论做什么科学研究工作，必须熟悉与研究课题有关的文献和掌握充分资料、数据。熟悉文献是要知道前人在这个课题上已做过多少研究工作，解决了些什么问题，还有哪些问题没有解决；也就是总结在这个课题上的研究经验。如果不熟悉有关文献，不仅不能利用前人的成就向前推进，而且还会重复已解决了的问题……科学知识是社会积累的产物，新的发明、创造都是在前人遗产的基础上得来的。这是做过研究工作的人都明白的道理"。因此，为在前人研究成果的基础上展开最新研究，笔者针对与本议题相关的研究进行了系统的梳理与深入的分析。

一、关于我国传统节日文化的研究

"节日是人们在一定的历史社会过程中，逐步形成的用以区分时间段的特定标记，是自然的时间过程与人文的时间意识的统一体。"（杨大鹏，2014）[101]因此，从古至今，不论是帝王将相还是平民百姓，节日都是其生产和生活中不可或缺的重要组成部分，由此也引发了人们对于节日持续不断地关注与思考。目前来看，学术界针对我国节日体系的起源与成形问题，普遍认同的看法是：我国节日体系萌芽于先秦，成长于秦汉，发展于魏晋南北朝，定型于隋唐两宋时期（乔继堂，2005；高丙中，2005；李汉秋等，2009；萧放，2011；李露露，2011；王学文等，2011；范建华，2012；谭䘵，2012）。先秦时期，与传统节日相关的记载主要有《礼记》《风俗通义》《四民月令》等。此外，关于各个传统节日的众多内容，也普遍地存在和记述于官方的各种专著、地方志、岁时记之中。王学文等人对此总结道，"在现代学科体系建立以前，依靠我国深厚的文史传统，节日得以在地方志、文人笔记、风土记、岁时记等文献中被记录下来"（张士闪，2013）[122]。就北京为例，专著类如明代刘侗、于奕正合著的《帝京景物略》，清代潘荣陛撰写的《帝京岁时纪胜》，清代富察敦崇撰写的《燕京岁时记》等；地方志如《析津志》《顺天府志》《宛平县志》《北京志》等。郑春蕾曾对首都图书馆地方文献中心做过调查，发现其中与传统节日相关的中文文献大致有 60 余种，日文文献不到 10 种。当然，也有其他学者对此持有不同意见，如刘锡诚（2013）[74]认为，"关于中国的传统节日，历史上虽有些零星的文字记载，如学界常常征引的《尚书·大传》里关于新年/元旦的记述和《史记·天官书》里赋予元旦的文化含义等。但严格地来说，历史上并没有一本成文的'节日大典'之类的规范性典册，甚至没有一本'节日指南'一类的生活用书来对民众怎样过节加以规范或指导"。

经过初步研究，笔者认为，在我国针对传统节日文化开始进行现代学术性研究，最早可以追溯至1982年张振梨先生在兰州大学学报社会科学版发表的一篇题为《"春节"探微》的文章。文章中，作者通过引用丰富的文献资料，对全国各地在春节期间的风俗习惯进行了概括性的描述与系统性的勾勒，并在此基础上得出了春节习俗与农业生产、百姓个人观念、民族心理状态以及民间文化艺术等内容具有极为密切的相关性。同时，作者也指出春节中的一些习俗虽然涉及宗教观念甚至部分含有某种封建迷信思想，但从实际操作层面进行更加细致的分析与研究后，作者认为这些思想实际上是有其存在的基础和依据的，是一种具有历史合理性但又欠缺科学性的民间习俗，需要人们在新时代用更加辩证的眼光来看待这些习俗，去其糟粕，取其精华。然而，需要指出的是，此篇文章只是针对我国传统节日中最为重要的春节进行了全面研究，并未涉猎其他传统节日，与此文章相类似的还有覃圣敏（1989）在《广西民族研究》期刊发表的《壮族春节习俗研究》。在文中，作者除了对我国壮族人民过春节时的种种习俗进行了详细描述以外，还对这些活动内容按照性质的不同进行了更加细致的分类，将其划分为宗教性习俗、娱乐性习俗以及纪念性习俗。同时，作者意图通过对壮、汉两族的春节习俗活动进行比较和研究，充分反映出壮族人民的心理构成、文化形成过程、历史发展轨迹，以及壮汉两族间文化交融等问题。这种基于特定民族或特定地域的传统节日文化研究思路也在随后的学术研究过程中被学者们所普遍采用，如巫瑞书（1999）的《南方传统节日与楚文化》，石国伟（2004）的《山西岁时节日中的审美文化》，杨昌儒（2009）等人的《贵州世居民族节日民俗研究》，黄泽（2012）的《西南民族节日文化》，以及黄海艳等人（2018）的《广府传统节日的经济效益研究》等也是后期基于地域区位所进行的地方性传统节日文化研究的代表。

这一时期，还有些许学者在自己的研究过程中概略性地提及我国岁时节日及其文化内涵等相关内容，但无法将其视为系统地针对传统节日文化所进行的学术研究，如余树远曾于1985年在《商业研究》期刊上发表题为《谈谈春节消费高峰的一些特点》的文章，其中虽然涉及我国传统节日春节，但其主要研究目的及论述内容则是围绕民众在节日期间的消费行为所展开的，如文中提到，春节生活物资具有时间性，即在节日期间所购买的主副食品需要比平时有更多的花色品种、规格式样；喜庆性，即在节日期间所购买的商品在外观、造型、包装上需要增添一些与节日有关的元素及内容等。

继张振梨、覃圣敏之后，玉时阶于1990年在中南民族学院学报哲学社会科学版发表了题为《民族传统节日文化及其传承与改革》的文章，以广西少数民族传统节日文化作为研究对象，深入探索民族传统节日文化的传承与保护问题，提出"传统节日文化的更新与改革，必须与社会主义现代化的进程相适应，必须在发扬民族优良传统与民族特色的基础上，注入时代的新精神"（玉时阶，1990）[12]，这标志着我国学者开始有意识地关注我国传统节日文化在新的历史时期和时代背景下所面临的传承与保护问题。

总的来说，从20世纪80年代起，我国民俗学者开始关注并重视对于我国传统节日的学术研究与理论建构，除上述期刊论文外，众多研究成果也以专著的形式出版。如刘德谦、马光复（1983）所著的《中国传统节日趣谈》，罗启荣与阳仁煊（1986）所著的《中国传统节日》，韩养民与郭兴文（1987）所著的《中国古代节日风俗》等。紧随其后，学者们对于我国传统节日文化内涵的研究也从20世纪90年代起蔚然成风。（陈久金等，

1990；宋兆麟等，1991；张君，1994；常天，1995；简涛，1998；巫瑞书，1999；萧放，2000；赵东玉，2002；乔继堂，2006；张晓华，2007；刘魁立，2008；李科，2011；王文章，2012；李汉秋，2015；高巍，2017；程健军，2018）

此外，值得注意的是，2009年3月江西出版集团百花洲文艺出版社出版的《中华节日》一书，由李汉秋等著名人文学者精心编著，并作为我国"中华文化丛书"系列的重要组成部分，参加了当年9月在德国法兰克福举办的国际图书展览会。此书有中文、英文、法文、日文、德文以及西班牙文等多个译本，旨在向国际友人集中展示和传播中华民族的优秀传统节日文化，促进中西方节日文化的相互交流与借鉴。书中，编者使用通俗易懂的语言针对中华九大传统节日①的方方面面进行了深入浅出的讲述，详细论述了每一个节日的起源、意义、价值、功能以及礼俗等众多内容，同时还配有大量的图片，并引经据典地将中华传统节日丰富的历史、故事、传说、趣闻等有机地融入其中，在权威性、严谨性的基础之上，更加突出了此书的知识性及趣味性。可以说，此书的出版对于对外传播我国传统节日文化具有十分重要的意义和价值。

为达到最大限度地收录与掌握与本研究相关的文献的目的，截至2020年4月29日，笔者通过对研究关键词"传统节日文化研究""传统节日研究"，以及"传统节日"在中国知网（CNKI）的期刊数据库中进行论文检索（其中不排除不同关键词检索到同一篇文章的可能性，因此有效结果数应小于等于检索结果数），共得到11204个结果。通过对检索结果进行进一步分析后发现，20世纪90年代以后的研究成果占总数的很大比重，并

---

① 中华九大传统节日：春节、元宵节、清明节、中华母亲节、端午节、七夕节、中秋节、中华教师节以及重阳节。

在 21 世纪初期呈明显上升趋势。在北京大学图书馆数据库中进行专著检索，共得到 278 个结果（其中不排除同一本专著再版后被重复检索的情况，如张君 1994 年所著的《神秘的节俗：传统节日礼俗、禁忌研究》曾在 2004 年再版，检索时数据库将此书两个版本的信息同时呈现）。通过针对上述文献的进一步梳理与分析，笔者对目前我国传统节日文化研究的特点进行了归纳与总结，具体如下：

（1）时间的阶段性

针对我国传统节日文化的记载与研究，在时间上具有一定的阶段性。笔者将其大体上分为三个阶段：第一个阶段是从先秦时期起至 20 世纪 80 年代初。在这一阶段，如前所述，我国传统节日文化的相关资料和文献主要记载于官方的各种县志、地方志以及风俗志中，或部分地记述在文人雅士的作品之中。如赵东玉（2002）[1-2]指出：“传统节庆文化的方方面面，自古以来即受到人们的重视和倾目。先秦文献如《诗经》《礼记》诸书中已见其踪影，从东汉应劭《风俗通义》等书始，经魏晋南北朝晋人周处《风土记》和梁人宗懔《荆楚岁时记》，隋人杜台卿有《玉烛宝典》，唐人韩鄂有《岁华纪丽》……历代文人雅士，对岁时节庆文化的种种景象多予以或详或略的记载和描述。”

第二个阶段是从 20 世纪 80 年代初至 21 世纪初。这一划分得到了范建华（2012）[3]的认同，他指出，“运用现代科学的方法论，系统研究中国节庆文化史从 20 世纪 80 年代后才逐渐形成”。在这一阶段，民俗学家开始通过发表专著以及各种期刊论文的方式对传统节日文化进行系统的学术性研究。根据萧放等人的统计，在这一时期内，有关节日文化研究的著作大概有 40 余部，公开发表的学术论文在 560 篇上下①。

第三个阶段是从 21 世纪初至今。随着 2002 年党的十六大提出弘扬和培育民族精神，2003 年启动民族民间文化/非物质文化遗产保护工程，到 2005 年多部门联合发布《关于运用传统节日弘扬民族文化的优秀传统的意见》，再到 2007 年国务院将清明、端午、中秋、除夕列入国家法定节假日等一系列举措的出台，针对我国传统节日文化的研究进入了一个崭新的历史时期。在国家政策的支持和鼓励下，新一代学者硕果累累，成绩喜人。与此同时，不少民俗研究学术期刊也专门增设与节日文化相关的专题板块，如教育部主管、山东大学主办的《民俗研究》，中国文联主管、中国民间文艺家协会主办的《民间文化论坛》等；并且专门关注节日文化研究的专业期刊也已出现，如文化部民族民间文艺发展中心与山东大学共同创办的《节日研究》。根据萧放等人的统计，在这一时期内，有关节日研究的出版著作大约有 320 部，国内公开发表的学术论文在 1905 篇左右②。

当然，必须说明和指出的是，笔者以上所划分的三个阶段，只是我国传统节日文化研究发展的大致过程，三个阶段之间并不是截然分离或泾渭分明的，其中如果某些研究趋势和成果的部分超前或滞后不仅不奇怪，而且也几乎是必然的。

（2）内容的递进性与深入性

针对我国传统节日文化的研究，在内容上具有一定的递进性与深入性。在 20 世纪 80 年代以前，节日研究主要以对节日中礼俗、娱乐、祭祀以及禁忌等内容进行详细、系统的记载和描述为主，主要用于阐述和记载

---

① 数据来源：萧放，吴静瑾. 20 年来中国岁时节日民俗研究综述（1983—2003）[J].文史知识，2005（2）：121.
② 数据来源：萧放，董德英. 中国近十年岁时节日研究综述［J］. 民俗研究，2014（2）：75.

哪年哪月哪天是何节日，其间有何娱乐休闲活动，百姓在行为上有哪些准则与忌讳等。同时，这些记载主要与我国传统的农历配合使用，目的在于在节日期间根据各项礼仪规范和行为准则更好地指导人们的具体实践。以元代官方对端午节的记载为例，元宇文懋昭的《金志》中记载："其节序，元旦则拜日相庆，重午（端午）则射柳祭天。"《金史》中对端午节具体的祭拜方式也有详细的记载，"重五日（端午）质明，陈设毕，百官班俟于球场乐亭南。皇帝靴袍乘辇，宣徽使前导，自球场南门入，至拜天台，降辇至褥位。皇太子以下百官皆诣褥位，宣徽赞：'拜。'皇帝再拜。上香，又再拜。排食抛盏毕，又再拜。饮福酒，跪饮毕，又再拜。百官陪拜，引皇太子以下先出，皆如前引导。皇帝回辇至幄次，更衣，行射柳、击球之戏，亦辽俗也，金因尚之"。可以看到，文献中详细记载了在端午节那一天，皇帝及文武百官所需要从事的一系列节日祭祀及娱乐活动。并且其中所提及的射柳、击球等游艺活动是从辽代传承延续下来的，从中可以明显地看到节日活动中所具有的历史传承性。同样地，在《析津志辑佚》《帝京景物略》《帝京岁时纪胜》等文献中也有与此相类似的记载。值得一提的是，南北朝梁人宗懔（阜）的《荆楚岁时记》被认为是"第一部系统的专门记述岁时节庆的文献，是研究南北朝以前岁时节庆最有代表性的著作"（范建华，2012）[2]。

从 20 世纪 80 年代后期至 21 世纪初，针对传统节日文化的研究，从过去的只注重对节日内容进行详细的记载和描述开始逐渐转向对于传统节日的内涵、价值、产生根源及其社会功能的深度挖掘。如罗启荣（1986）等人编著的《中国传统节日》一书中，对每个传统节日的相关习俗进行了详细的解读。以春节为例，书中阐述并集中讨论了"扫尘""挂年画""贴春联""贴剪纸""放鞭炮""守岁""拜年""包饺子""舞狮子""耍龙灯""逛花市"等习俗产生的主要原因、相关传说以及价值功能等问题。

陈久金（等，1989）、宋兆麟（等，1991）、常天（1995）、杨琳（2000）、赵东玉（2002）等学者所著专著在内容上也与此书大体相同，只不过在成书的结构与编排上各有侧重而已。论文方面，张晓华于 2005 年在《前进论坛》上发表的《中国传统节日的内在价值及意义》、谭艸于 2012 年在《黄埔》上发表的《中国传统节日文化》等文章所论述的内容也反映了这一时期研究的主要特点和基本趋势。

　　而从 21 世纪初期至今，在新的历史时期和社会背景下，针对传统节日文化的研究更加侧重于传统节日文化的传承与保护。如黄涛（2007）的《保护传统节日文化遗产与构建和谐社会》，黄佳明（2010）的《传统节日文化的现代困境及其出路》，萧放（2011）的《传统节日与非物质文化遗产》，王文章（2012）主编的《弘扬传统节日文化现状与对策》，以及黄永林（等，2018）的《博弈与坚守：在传承与创新中发展——关于中国传统节日中秋节命运的多维思考》等。林慧（2017）则从全球化语境下的非物质文化遗产保护、传统节日在社会发展中的传承与变迁、中国传统节日在当代社会下的传承危机等角度著书立说，出版了《文化记忆的追寻与重建——中国传统节日保护对策研究》一书针对我国传统节日文化保护问题进行对策研究。笔者曾就这一议题，参加了国家社会科学基金项目"中华传统节日文化内涵及其传承研究"（项目编号：15BZW186），以及北京市社会科学基金项目"北京文化日历建构研究"（项目编号：12ZHB013）。

　　同时，在这一时期，随着旅游业以及节庆文化产业的逐渐兴起，各地方政府相关部门也对我国传统节日文化资源表现出浓厚的兴趣和高度的重视，寄希望于通过发掘地方传统节日文化来推动旅游业及地区经济的进一步发展。如 2008 年 3 月，山东省沂源县与中国民俗学会合作，成立中国牛郎织女传说研究中心，建立了与我国传统节日七夕节中牛郎织女爱情传说相关的民俗展览馆、牛郎庙、织女洞以及沂源县博物馆等众多文化旅游景点。相应地，每逢传统节日来临之际，各地相关部门都会邀请各界学者针对我国传统节日文化的传承与发展问题举办专题研讨会与学术论坛。笔者就曾有幸参加了河北省邢台市政府举办的"第七届河北省七夕情侣节暨第八届中国·邢台天河山七夕爱情文化节——七夕文化论坛"，辽宁省沈阳市和平区委、区政府举办的"中国首届（沈阳）庙会文化节——庙会文化论坛"，北京市文化部对外文化联络局举办的"春节文化与春节国际化专题研讨会"，以及北京市联合大学北京学研究所举办的"重阳节研讨会"等活动。

此外，从 21 世纪开始，面对西方节日在我国日益盛行之态、我国传统节日日益衰微之势，在学术研究方面，国内不少学者开始关注西方节日文化，并进行了一系列的中西节日文化比较研究，试图找到其中的原因乃至解决办法。论文方面有金升霞（2005），李蜜（2006），方泽庆（2008），乐佳妮（2009），林丹（2010），张祖群（等，2012），褚艳蕊（等，2013），谷建（2018）等；专著方面有孙瑞梅（2004），高钰（2010）等。

（3）角度与方法的多元性

针对我国传统节日文化的研究在研究学科、研究角度以及研究方法上具有日趋多元的特点，早期，进行我国传统节日文化研究的主体主要为人类学家和民俗学家，其研究重点及研究方法也主要局限于各自的学科范围内。如萧放（等，2005）[121] 所述，"早期从事民俗学研究的学者相当多的来自传统的文史学科，因为其学养与兴趣的关系，他们注重对岁时节俗作名物考证与源流考辨的考据性研究"。

而随着这一领域研究的不断发展与逐渐深入，越来越多的学科将我国传统节日文化纳入其研究范畴，研究角度更为多元，研究方向不断细化，新的研究方法也日益涌现，比如，张勃（2013）在撰写《唐代节日研究》一书时采用了节日发展史断代研究方法，"杨大鹏在《我国岁时节日中民族民间体育的研究》一文中使用了田野调查法和访谈法，石国伟在《山西岁时节日中的审美文化的研究》中使用了问卷调查法和逻辑分析法"（杨大鹏，2014）[103]，赵东玉（2002）在编著《中华传统节庆文化研究》一书时，从符号学的角度出发，采用了个案分析的研究方法，以及杨大鹏（2014）在《我国岁时节日文化研究综述》中采用了文献资料和逻辑归纳的研究方法等。同时，如前所述，也有不少学者采用比较研究的方法，针对中西方节日的异同进行了深入的研究与细致的思考，如张祖群（等，2012）的《中西同质性节日的功能对比》研究，陈欢（2009）的《从中国节日现状看中西文化交流》等。这些学者的一系列研究同样为我国传统节日文化研究的发展做出了巨大的贡献。此外，文化传播学、文化人类学、跨文化心理学、旅游管理学等众多学科，也在一定程度上为我国传统节日文化研究的发展与建设，从不同侧面、不同角度做出了进一步的丰富与补充。如《中华节庆辞典》中所介绍的，"范勇、张建世提出利用文化人类学宽广的视野和综合的方法来研究节日文化"（范建华，2012）[3]。

实际上，笔者上述针对我国传统节日文化研究文献的梳理与分析同样也得到了其他学者研究的证实和肯定。杨大鹏（2014）[101]在《我国岁时节日文化研究综述》中曾提道："20世纪80年代以来，学术界掀起了一股对岁时节日文化研究的高潮，涌现出大量的论著，理论研究成果颇丰，他们主要是基于民俗学的角度对我国岁时节日的定义、源头、形式及其发展轨迹进行探索，多是描述性的著作。"此外，萧放（等，2011）的《20年来中国岁时节日民俗研究综述（1983—2003）》则专门将20世纪80年代至21世纪初作为一个明确的时间段来进行文献梳理与综述。可以看出，杨大鹏对于20世纪80年代我国传统节日文化研究文献的梳理，针对时间和内容的分析与笔者相一致；萧放与吴静瑾在节日研究发展时间段落上的划分与笔者不谋而合。

但需要特别指出的是，比较之下，杨大鹏没有关注 20 世纪 80 年代以前我国传统节日文化研究的发展状况，同时，其对于 21 世纪以来我国传统节日文化研究现状的分析也不够深入和透彻。作者所总结的我国传统节日文化研究主要停留在理论层面，实践应用层面关注较少，没有对传统节日文化的传承以及保护等方面进行更多研究的结论实际上与现实情况并不相符，对此笔者已在上文段落中做出相应论述。

二、关于中华（传统）文化对外传播的研究

经过研究笔者发现，针对我国传统节日对外传播这一议题目前学术界尚无独立专著问世，与此相关的研究多依附于中华文化或传统文化对外传播的研究之中，如吉林省社会科学基金项目"中华文化对外传播现状分析与实施对策研究"（编号：2013B139），崔玉宾（2013）的《中国文化"走出去"的现状及对策分析》，侯斌（2014）的《从"5W 模式"看中华文化的对外传播》，金吉华（等，2014）的《西方文化传播方式对中华文化对外传播的启示》以及蔡帛真（2014）的《我国传统文化的对外传播策略》等。因此，为达到最大限度地收录与掌握与本研究相关的文献资料的目的，截至 2020 年 4 月 29 日，笔者通过对关键词"中华文化对外传播研究""传统文化对外传播研究"，以及"传统文化对外传播"在中国知网（CNKI）的期刊数据库中进行论文检索，共得到 496 个结果（其中不排除不同关键词检索到同一篇文章的可能性）。在北京大学图书馆数据库中进行专著检索，共得到 17 个结果（其中《中国传统艺术全球传播战略研究》《儒家文明与中国传统对外关系》等书分别出现在两次检索结果中，因此有效结果数小于检索结果数）。

通过检索可以发现，1998 年以前，我国学者对于文化对外传播的关注并不多，仅有个别学者从地域的角度论述中西方文化交流与碰撞的问题，

如袁钟仁（1986）在《对外文化交流与广东文化的发展》中通过对《汉书·地理志》《新唐书·地理志》等史料文献的系统考察，发现广东地区早在两千多年前就已经开始了对外文化交流活动，并且认为今日广东文化的形成与发展从某种程度上说也得益于这种长期的文化交流与传播的历史传统。与此相类似的文章还有刘圣宜（等，1996）编著的《岭南近代对外文化交流史》等。1998年，北京大学关世杰教授在《北京大学学报》哲学社会科学版发表了题为《试论二十一世纪的中西文化交流》的文章，才从更为宏观和整体的角度探讨了当时国际文化交流过程中所存在的一些特点，并对未来中西文化交流与发展的趋势进行了一定的展望与大胆的假设。但整体看来，关世杰的文章主要倾向于研究和探讨西方文化对我国的输入问题，对于我国传统文化的对外输出问题仅在文章结尾处略有提及，并未进行充分的展开与诠释。同年，辽宁社会科学院社会学研究所研究员武斌在《社会科学辑刊》文化学研究板块发表了题为《文化传播论——以中华文化在海外的传播来讨论》的文章，从更加抽象、更加宏观的角度，通过对中华文化在海外传播的历史进行回顾，讨论了文化传播的途径与方式、作用与机制等重要问题。

值得注意的是，2013年12月学林出版社出版了忻剑飞的专著《世界的中国观——近二千年来世界对中国的认识史纲》。与以往我国学者普遍的研究出发点所不同，忻剑飞站在西方学者的视角和立场上，以历史时间的发展为脉络，系统详细地阐述了古往今来中西文化交流过程中所发生的众多具体事件，以及每个时期中西文化交流所呈现出的特点。其中，书中对于中西文化交流的整体把握以及历史性规律的总结乃是本书的一大亮点。而书中所提出的"物质文化充当文化传播和彼此了解的先锋，这大概可以看作文化交流的一个规律"（忻剑飞，2013）[28]，"自觉地寻找和发现文化交流双方之外的第三极、第四极……对于促进交流和理解对方是必不可少的"（忻剑飞，2013）[76-77]等真知灼见对于本研究更是具有极为重要的启发意义。而程曼丽与王维佳（2011）所著的《对外传播及其效果研究》一书，首先从概念上区分了"对外传播""国际传播"以及"跨文化传播"的异同，这为本研究对"对外传播"概念的界定提供了极为重要的理论依据与帮助。书中着重强调对外传播的政府属性和政治属性，使笔者在进行对外传播研究过程中，不仅考虑到微观层面上个体所带来的影响（如受众的心理、行为、态度等），同时还将宏观层面上能够对对外传播效果产生影响的指标（如国际局势、地缘政治、两国关系等）同样纳入研究视野。同时，作者在第七章提出了对外传播效果的评估指标与方法，包括客体指标与主体指标。这种对外传播效果评估的主客体二分法虽然不能完全挪用至本研究当中，但对于本研究提出自己的评估体系及指标依然具有极为重要的指导意义。此外，刘程与安然（2012）的《孔子学院传播研究》以及吴瑛（2013）的《孔子学院与中国文化的国际传播》均从中国在海外开办孔子学院的角度阐述了我国文化尤其是语言文化在对外传播过程中的重要作用及现实意义。

然而，需要特别注意和强调的是，我国不少传播学者（关世杰，2004；程雪峰，2005；陈世明，2010等）就国际传播问题开展了大量的研究，取得了可喜的成绩与丰富的成果。但其中多数研究成果主要是为了满足和迎合政府的实际需要，针对我国政府及官方媒体如何对外进行正面新闻传播、意识形态传播以及如何与西方国家争夺话语权等问题而进行的，如程曼丽（等，2011）[5]曾明确指出，"国际传播活动永远是政治性的……各种传播活动是否符合某个传播主体（如国家）的特定政治目的"。因此，针对国际传播活动所进行的研究，其成果虽与本研究有一定程度上的相关性，但实际二者的侧重点并不相同，故在此不予赘述。

第五节　本研究基本概念及释义

正如著名学者许嘉璐（2012）[15]所说，"定义是研究工作的出发点和归宿，尽管出发时的认识和到达既定目标的认识会有差别，甚至可能是较大的差别。对于研究工作来说，定义还是需要的"。因此，为了能够更好地开展关于我国传统节日对外传播的学术研究，方便其他学者与同人能够与笔者在同一理解范式内对研究对象和问题进行思考与讨论，笔者在此将针对本研究所涉及的关键词及概念进行必要的明确与界定，确保所有读者均能够在同一认知范围和知识框架内进行交流与沟通。

一、节日定义及分类

目前，针对"节日"这一基本概念有多种不同的解释和提法，如："节日""节庆""节事""事件""节事活动""节事旅游"等。在英文中，也有诸如"festival""gala""carnival""celebration"等众多词汇相对应。《辞海》中对"节日"一词并无相应释义。在《21世纪大英汉词典》中，英文单词"festival"做名词时有3种含义：（1）节日，喜庆日；尤指（宗教）节期。（2）庆祝；表演会，文娱节目；（常为定期举行的）音乐节，戏剧节。（3）作乐；欢乐；欢宴；喜庆。当"festival"做形容词时则主要指节日的，喜庆的，为节日的以及适于节日的（李华驹，2003）[877]。《中华节庆辞典》中将"节庆"定义为，"在特定的时间和空间内，以特定主题活动方式，约定俗成、世代相传的一种社会活动"（范建华，2012）[1]。而《中国岁时节令辞典》中对于"节日"的定义则比较笼统，即

"依据岁时次序和社会生活的需要而确定的特殊时日"（乔继堂 等，2011）[17]。

相较于工具书简单笼统的解释，学界专家对"节日"一词则进行了更加细致的分析。张勃在其专著《唐代节日研究》开篇就对"节日"进行了界定，称"节日是以历日、月份和季节等组成的历年为循环基础的、在社会生活中约定俗成的、具有特定习俗活动的特定时日"（张勃，2013）[4]。褚艳蕊（等，2013）[444]则认为，"节日是指一年中被赋予特殊社会文化意义并穿插于日常之间的日子，是人们丰富多彩生活的集中展现，是各地区、民族、国家的政治、经济、文化、宗教等的总结和延伸"。上海师范大学会展系主任王春雷（2010）[21]将"节日"定义为有主题的公共庆典活动。石国伟（2004）[48]指出，"它（节日）紧密地随着各民族的生产与生活实际，从远古走来，在传承的过程中又不间断地延续着、变异着、丰富着"。

实际上，通过上述对"节日"所下的定义可以看出，处于不同学科和领域的专家与学者对于"节日"的解读无疑会有不同的侧重与倾向。如民俗学、人类学学者在定义"节日"一词时更加偏重于表述节日当中所具有的文化内涵与社会价值；社会学、传播学学者更为关注节日在传播过程中对整个社会及民族所产生的各种实际效果；而旅游学、会展学学者在对"节日"下定义时则更加倾向于阐释节日所具有的经济效益与产业效能。其中的原因在于民俗学、人类学学者主要研究与探索的是节日的本体，社会学与传播学的研究者则试图把握当下节日与社会间的相互关系，而旅游学、会展学专家更多的时间则是用在思考、挖掘与节日文化产业发展相关的一系列问题。

除去对"节日"定义进行系统的阐述与理解外，关于节日的不同分类也很有必要在此提及，因为"科学地划分节日的类型，是研究岁时节日民俗的起源和发展，探讨节日民俗的特点、功能和价值的重要前提"（萧放等，2005)[122]。因此，对节日的分类进行研究与明确是本研究得以继续深入的基础和前提。

简单来说，从节日的性质来看，可分为单一性节日和综合性节日；从节日的内容来看，可分为祭祀性节日、纪念性节日、庆贺性节日以及社交娱乐性节日等；从节日的时代性来看，可分为传统节日和现代节日；从节日形成的民族构成及其生存环境的关系来看，可划分为农耕民族节日、滨海滨湖择水而居民族节日、草原游牧民族节日以及山地民族节日；从节日所产生的功能性作用来看，可划分为与农事活动相关的节日、与商业贸易相关的节日、与福佑驱邪相关的节日、与礼佛祭神相关的节日、与纪念名人相关的节日以及与体育赛事相关的节日等（范建华，2012)[8-9]。而本研究所要讨论与研究的对象主要是根据时代性来划分的传统节日。

二、我国传统节日

王学文等人在《2011 年度中国传统节日发展报告》中曾经指出，"传统节日"一词虽然一直作为一种不言自明的概念被广泛地使用，但通过调查发现，人们对传统节日内涵的认识实际上并不一致。"传统节日"不是一个简单明了的概念，不仅处于不同领域的学者对此有不同的见解，就连普通民众对其也有不同程度的认识。对此，不少学者曾试图通过论述传统节日所包含的范围来对其进行界定，如周星（2011)[169]曾指出，"若对少数民族的节庆体系及各类宗教的节庆体系暂且忽略不计，则当代中国的节庆体系实际上就是由'传统节庆体系''国家或政府主导的节庆体系'和'外来嵌入的节庆'这样三大'板块'组成的"；在台湾，1954 年颁布的《纪念日及节日实施办法》中将节日分为纪念日、传统节日以及一般节日三大类（谭舯，2012)[92]；乔继堂（等，1998)[17]指出"传统节日形成于过去的时代，附丽、蕴含着工业文明以前的原始文明、农业文明的信息"；李汉秋（等，2009）从具体节日内容来划分，认为我国传统节日主要包括春节、元宵节、清明节、中华母亲节、端午节、七夕节、中秋节、中华教师节以及重阳节；李莉（2013）认为我国传统节日主要包括春节、元宵节、清明节、端午节、七夕节、中秋节、重阳节、冬至。

可以看出，上述专家和学者对于我国传统节日所包含的范围均有自己的见解，此外还有更多的观点由于篇幅所限无法在这里逐一阐述。然而这些定义无疑均指出了我国传统节日的一大特性：传统节日不只是一个节日，而是一组节日，一系列节日，是一个较为庞大和复杂的节日体系。此外，众所周知，除上述以汉族为主的主要传统节日外，我国各少数民族也同样拥有不少历史极为悠久的特色传统节日，有些甚至为世界各国人民所熟知，如蒙古族的那达慕、傣族的泼水节、彝族的火把节等。"据统计，我国56个民族从古到今的传统节日总共有1700多个，其中汉族的传统节日约有500个，少数民族的传统节日有1200多个。"（谭绅，2012）[91]此外，西方各国也有自己的传统节日，如复活节、感恩节、圣诞节等。

正因如此，为了方便后续研究的进行，笔者在此对本研究中我国传统节日的概念及范围进行一定的明确与界定。笔者认为我国传统节日在概念上主要包含四大要素：第一，在时间上，产生于农业社会并延续传承至今，年复一年，且有固定节期；第二，在主题上，以农耕节气、饮食娱乐、纪念祭祀、祈福祛灾等为主题；第三，在内容上，包含丰富的节日仪式与习俗，蕴含着生动的神话传说；第四，在形式上，为广大民众自觉自愿参与。同时，由于本研究主要考察的是我国传统节日对外传播情况，因此，本研究选取春节、元宵节、清明节、端午节、七夕节、中秋节以及重阳节等我国传统节日中最具代表性的节日作为主要研究对象。

三、节日与文化

关于何为"文化"，可谓是仁者见仁智者见智，要想给"文化"一个既明确又简洁的定义绝非易事。百余年来，中外学术界针对"文化"一词，从不同角度、不同方面，进行了详细的分析与细致的解读。根据美国人类学家阿尔弗雷德·克罗伯和克莱德·克拉克洪的粗略统计，目前针对"文化"一词所下的定义不少于160个（国内学者有500多种一说），并且随着时间的推移，这一数字还在不断地增多。鉴于本文篇幅和主旨所限，笔者在此穷尽"文化"的所有定义既不现实也不可能，仅对"文化"一词在概念上进行一种粗线条的梳理与轮廓式的勾勒，为的是帮助读者明确"文化"一词在本研究中所具有的相对含义，并将其在逻辑层面上与本研究中的其他关键词建立联系。

（1）何谓"文化"

"文化"一词的英文为"culture"，源于拉丁文"cultura"。《辞海》中对"文化"有四种解释："一是广义指人类在社会实践过程中所获得的物质、精神的生产能力和创造的物质、精神财富的总和。狭义指精神生产能力和精神产品，包括一切社会意识形态：自然科学、技术科学、社会意识形态。有时又专指教育、科学、文学、艺术、卫生、体育等方面的知识与设施。二是泛指一般知识，包括语文知识。三是中国古代封建王朝所施的文治和教化的总称。四是考古学上指同一个历史时期的不依分布地点为转移的遗迹、遗物的综合体。"（夏征农等，2009）[2379] 在《21世纪大英汉词典》中，英文单词"culture"做名词时有7种含义：（1）文化；文明。（2）教养；修养；陶冶；文雅。（3）【生物学】（微生物等的）培养；（培养出的）微生物；培养细胞；培养菌。（4）耕种；栽培；养殖。（5）训练；教化。(6)【军事】地形沙盘。(7) 文化群落（有相同思想意识特征和某种特定生活方式的一群人）。(李华驹，2003)[563]

具体到研究领域中，学者们对于"文化"则进行了更为具体和细致的解读。西方学者方面，英国著名人类学家泰勒在《原始文化》一书中曾将文化定义为，"包括知识、信仰、艺术、道德、法律、习俗，以及包括作为社会成员的个人而获得的其他任何能力、习惯在内的一种综合体"（泰勒，1988)[1]。美国学者 V. 巴尔诺（1988）在其《人格：文化的积淀》一书中指出，文化是一群人共有的生活方式，是人们行为模式组成的构型，这种构型因具有可习得性而能够代代相传，而可习得性则是通过语言和模仿来实现的。"法国著名学者卢梭在他的《社会契约论》一书中指出文化是风俗、习惯，特别是舆论。"（王威孚等，2006)[191]此外，诸如马林诺夫斯基（1946）、斯图亚特·霍尔（1980）、雷蒙·威廉斯（1985）、维克多·埃尔（1988）、切斯诺科夫（1988）以及约翰·菲斯克（1989）等人亦对"文化"做出过精辟的定义与描述。

国内学者方面，费孝通（2013)[40]指出，"各地人民的生活方式，亦即是他们的文化，与其说是上帝安排下的模式，不如说是这民族在创造、试验、学习、修正的过程中累积下来应付他们地理和人文处境的方法"。"我国著名学者任继愈先生认为文化有广义和狭义之分。广义的文化，包括文艺创作、哲学著作、宗教信仰、风俗习惯、饮食器服之用等。狭义的文化，专指能够代表一个民族特点的精神成果。"（王威孚等，2006)[192]许嘉璐（2012)[15]同样将文化分为广义文化与狭义文化，广义文化指"人类所创造的物质的和精神的所有成果"，狭义文化指"人类所创造的精神成果"。马新（等，2012)[19]在《中国传统文化概论》一书中对"文化"所下的定义与许嘉璐相似，"广义的文化是指人类所施予自然与社会的所有影响，当然也包括人类自身的精神创造；狭义的文化则是指人类的精神创造"。

而吴瑛（2009）[11]对于"文化"一词的理解则更偏重于其精神层面的内涵，认为"文化是特定族群、社会在一定时间内所形成的哲学、信仰、道德、法律、文学、艺术等精神生活的体系，以及这些精神内容影响下社会成员思维、行动的模式"。此外，梁漱溟（1921）、钱穆（1940）等学者也对"文化"提出了深刻而独到的见解，安徽大学哲学系博士周良发（2011）曾针对二人的文化观进行过深入的比较与研究。

综上所述，我们不难发现，不论是工具书中还是中西方学者针对"文化"一词所下的定义中，均含有一些相同要素，这些要素也正是"文化"含义的关键与实质所在，而本研究中所谈及的文化也不例外。在本研究中，"文化"一词，从广义上讲，既是一种广泛的社会现象，也是一种独特的历史现象；既是普通民众在日常生活中所创造的产物，又是整个社会在发展过程中所积淀的精华。从狭义上说，主要指由人类在历史发展过程中所创造的物质的与精神的财富，是人类对自我、对他人、对社会以及对自然所产生影响、学习以及适应的过程。因此，我国传统节日中所创造和传承的物质产物与精神产物都属于一种特定的文化内容和文化现象。

（2）我国传统节日文化

顾名思义，我国传统节日文化是在我国传统节日中产生、孕育与传承的文化，是一种民间文化、民俗文化，人民群众是其生产和传承的主体。正如文化可以分为物质文化与精神文化，我国传统节日文化亦然如此。在物质层面上，我国传统节日中含有与日常生活相区别的独具特色的节令食品、服饰装扮、习俗活动、仪式环节以及信仰禁忌等；在精神层面上，我国传统节日中既反映了人与自然、人与人、人与社会的哲学观念与指导思想，同时又彰显了广大民众的世界观、人生观与价值观。虽然作为传统节日，外在表现形式的物质层面经常会因时代的不同和社会的变迁而有所改变与革新，但我国传统节日文化中精神层面的核心内容与哲学思想，则通过年复一年的仪式性强化而旺盛持久地传承与延续着，对我国民众的生产生活及行为方式产生极为深远的影响。

实际上，我国传统节日作为传统文化的重要"载体"，在数千年的发展与演变过程中，承载了全国各地的风土人情，饱含了中华民族的文化精髓，聚合了中华儿女的民族情感。蔡丰明（2009）[1]指出，"对一个国家或民族而言，民俗文化（传统节日文化）是其文化传统中的一个重要组成部分，集中地反映了一个国家或民族中具有文化根基意义的民间文化传统特色……会对各种上层文化（及现代文化）产生深刻的影响，成为构筑国家意识形态、价值观以及民族文化精神的重要基础"。针对我国传统节日所具有的重要价值及深刻含义，由中央宣传部、中央文明办、教育部、民政部、文化部于2005年6月联合下发的《关于运用传统节日弘扬民族文化的优秀传统的意见》总结得最为恰当和充分，"中国传统节日，凝结着中华民族的民族精神和民族情感，承载着中华民族的文化血脉和思想精华，是维系国家统一、民族团结和社会和谐的重要精神纽带，是建设社会主义先进文化的宝贵资源"。

因此，在当下努力传承和大力倡导我国传统节日文化的对外传播与发展，非但不会过时，反而具有很强的现实意义，无疑能够从精神层面上对当前国际社会交往过程中国与国、民族与民族之间所存在的种种矛盾、摩擦、冲突以及众多不和谐因素进行有效的修补、改善与调剂，对于实现我国政府所提倡的"和而不同""和平崛起"等思想观念有重大的现实意义及指导作用，而这也正是笔者研究我国传统节日对外传播的意义及价值所在。

四、对外传播

从传统意义上讲，对外传播是一种出境传播活动或境外传播活动，主要指国际传播中信息出境的那一部分。与国际传播有所不同，"对外传播是从一个国家的角度来研究跨越国界的大众传播活动的；国际传播则是从信息全球化的角度来研究国家之间的大众传播活动的"（程曼丽 等，2011)[9]。然而，对外传播还是不可避免地继承和延续了国际传播的政治特性，它主要是一种政府行为，是政府根据本国政治、经济等利益的需要所进行的信息传播活动。多年来，"对外传播"一词与"对外宣传"的意义相等同，二者经常被交替使用。两次世界大战期间，各参战国经常根据战事发展的需要，在敌对国或盟国之间播送跨国广播信号，这实际上就是在进行一种具有政治目的性和针对性的对外传播活动。

在本研究中，虽然涉及的是文化层面的对外传播，但实际上整个研究主要围绕我国政府及官方媒体展开，这就导致其中不可避免地具有一定的政治色彩，但实际上又与传统意义上的国际传播研究有所不同，达成某一特定的政治目的并不是本研究的主要意图。此外，这种文化的对外传播也不完全等同于传统意义上的跨文化传播。跨文化传播的主要对象是来自不同文化背景的个体、群体、组织、机构或国家，而我国传统节日的对外传播，其受众不仅仅是外国民众，同时还包括广大华人华侨群体，以及在海外学习和工作的中国同胞，并且后者人数众多，同样是我国传统节日对外传播过程中不可忽视的受众群体①。

因此，在本研究中，我国传统节日对外传播既不完全是传统意义上的

---

① 据《中国留学发展报告（2012）No.1》蓝皮书显示，从 1978 年至 2011 年，中国一共向海外送出了 224.51 万名留学生，除去已经归国的，目前仍有 142.67 万名留学生在外学习和生活。中国海外投资年会组委会、中国企业联合会、中国企业家协会联合发布的"2012 中国 100 大跨国公司及跨国指数"表明，截至 2012 年上半年，中国前 100家跨国公司外海工作的员工数量接近 49 万人。而《海外华侨华人专业人士报告》蓝皮书显示，目前在海外的华侨华人总体数量高达 5000 多万人，其中改革开放以来从中国大陆出去的华侨华人接近 1000 万。

对外传播，也不单纯是理论意义上的跨文化传播，而是一种淡化对外传播政治属性，将华人华侨、在海外学习和工作的中国同胞与外国民众一起作为传播对象的文化对外传播活动。并且，随着"一带一路"国际合作进程的不断深入，这种文化对外传播活动对于全人类社会的互融互通、包容互鉴显得尤为重要，隗斌贤（2016）[214]指出，"文化传播与交流合作是实现'一带一路'沿线国家'民心相通'的基础，是与政策沟通、设施联通、贸易畅通、资金融通'四通'相辅相成的重要'软实力'"。

第二章

我国传统节日文化对外传播的理论依据及目标规划

第一节　我国传统节日文化对外传播的必要性与可行性

一、传统节日文化对外传播助力文化产业发展

2010 年 2 月，日本内阁府发布的相关经济数据显示，中国 GDP 已成功赶超日本，正式成为仅次于美国之后的世界第二大经济体。这一历史性时刻的到来，表明中国已经完全能够在经济领域里与美国、日本等传统世界强国并驾齐驱，不相上下。但是，欣喜之余，新的问题也随之显现。在经济领域里所获得的巨大成功依然无法掩饰和抵消我国在文化领域里与其他世界顶级强国所存在的巨大差距。2012 年我国文化产业竞争力指数显示，"我国文化产业竞争力指数仅为美国的 24%、英国的 29% 和日本的 38%"（霍雪莹 2014）[152]，由此可见，要想成为真正意义上的世界文化强国中的一员，中国任重而道远。

纵观全球，以美国和日本为代表的传统强国，无不在文化娱乐方面拥有强大的实力和过人的优势。在美国，以梦工厂、派拉蒙、迪士尼、20 世

纪福克斯、华纳兄弟等为代表的好莱坞电影巨头，为美国文化的对外传播与发展做出了不可估量的贡献。它们以电影为传播媒介和娱乐手段，在获得巨额利润的同时，将美国的文化思想和价值观念巧妙地融入电影之中，在世界的各个角落和地区进行传播与推广，使其文化为世界各国人民所了解和熟知。张燕（2014）[24]指出，"目前，好莱坞电影在世界电影生产总量中约为 6%，却占世界电影放映时间的 80%……虽然好莱坞仅仅生产全世界故事片的一小部分，但它却取得了大约 75% 的电影院放映总收入"。这一数据表明，美国已然找到了最适合于本国文化对外传播的策略与路径：以电影的发行和放映作为传播手段和载体，通过电影剧情及场景不断呈现和诠释本国的文化思想，使全世界人民都能够通过好莱坞电影了解其文化内涵与价值观念，而其文化对外传播发展也紧紧围绕这一主题深入开展。

在日本，以宫崎骏、手冢治虫、青山刚昌等为代表的极具天赋和才华的动漫大师，经过多年的不懈努力，促使动漫产业最终成为日本文化发展过程中的中坚力量，并一举成为日本国民经济发展的重要支柱①。与此相伴的是，日本民族所具有的优秀民族文化传统和人文精神通过一幅幅唯美的动画画面和一个个感人至深的动画故事，潜移默化地植入了所有喜爱日本动画与漫画的观众的内心。相关数据显示，早在 2002 年，日本仅在美国销售的动画片以及相关衍生品的收入就有近 44 亿美元之多。难怪王月婵（等，2012）[82]在《浅析日本动漫产业》一文中总结到，"（日本）动漫产业产生的巨大商业影响力，不单单在于动漫作品本身的商业价值，更大的在于衍生产品销售带来的巨大利润以及对于其他种类商业发展的推动力。一

---

① 动漫产业链较长，若计算其他相关衍生产品，已经成为日本的第二大营利性支柱产业。据日本一家网络媒体介绍，实际上广义（其中包括玩具制造业、饮食业、旅游业、电子制造业，甚至汽车业和农业）上的日本动漫产业早在 2003 年就已经占日本 GDP 的十几个百分点。

部动漫作品的走红意味着与其相关的游戏、CD、食品、文具等的销售高峰，以及相关地区的旅游景点开发。这一切都给日本商业发展带来巨大的推动力"。此外，韩国在文化发展方面也给予了高度重视，如"韩国推行'文化立国'的国策①，深入挖掘儒家伦理，并将传统文化融入现代生活之中，形成了有儒家伦理情怀的'韩流'"（崔玉宾，2013）[173]。这一策略的实施对韩国文化的发展产生了深远的影响，这从2000年以来如《蓝色生死恋》《大长今》《我叫金三顺》《浪漫满屋》《来自星星的你》等在内的众多韩剧在世界范围内风靡便可略见一斑。

由此可见，美国、日本及韩国等文化先发国家通过多年的不懈努力，已经相应地找寻出了适合其自身特点的文化对外传播策略与路径，形成了相对成熟与完善的文化产业链，并产生了十分可观的经济效益。在这方面，我国尚处于摸索探寻阶段，势必还有很长的路要走。

而令人欣慰的是，十七届六中全会以来，我党领导人明确将文化产业确定为我国新的经济发展增长点，通过大力扶持文化产业，努力倡导文化大发展、大繁荣，使得我国对外文化贸易发展呈现出良好的态势。2014年中国文化产业发展报告表明，2012年至2013年，以游戏、广告、设计和动漫为代表的新业态已经替代出版、电影等传统业态，成为我国对外文化贸易的第一军团。然而，数据显示，2011年我国核心文化产品出口额为186.9亿美元②，而美国在2011年文化艺术产品和服务的出口额则接近

---

① 1998年，韩国政府正式提出"文化立国"的方针，1999年设定文化产业发展的总目标，即用5年时间，使韩文化产品的产值在世界文化市场上的份额增加5倍，从1%提升到5%。
② 数据来源：张晓明，王家新，章建刚．中国文化产业发展报告2014［R］．北京：社会科学文献出版社，2014：80.

400亿美元[1]，表明我国与其他文化强国之间仍有不小的差距。因此，围绕我国传统节日对外传播进行研究，无疑将有助于加强我国文化产业的对外发展，增强文化产品和文化服务的对外传播。

二、传统节日文化对外传播促进文化软实力建设

更加值得注意的是，除去现代文化产业的发展，在民俗文化的传承与保护问题上，日本及韩国等国也远远领先于我国，如上海社会科学院研究员蔡丰明（2009)[1-2]所介绍："日本是最早用立法的形式来对民俗文化遗产进行保护的国家。1950年5月，日本政府颁布专门针对国家文化遗产保护而设置的法律——《文化财保护法》，其内容明确列出了'民俗文化财'一项，主要包括衣食住行、生产、信仰、年中节庆等风俗习惯、民俗艺能，以及与这些习惯、艺能相关的衣服、器具、房屋等。……受日本的影响，韩国也较早就有了民俗文化保护的观念。该国政府在1962年颁布的《文化财保护法》中，同样也把'民俗文化财'列入其中，并对国内一大批民俗文化遗产实施了有效的保护措施。"由此足见发达国家对于传播和保护本国乃至本民族优秀传统文化的意识与决心。

随着时代的进步和社会的发展，文化不仅仅是经济的重要组成部分，同时也是经济发展过程中的"推动器"与"催化剂"，代表着一个国家的发展水平和民族的文明程度。在全球化的今天，一个国家的国际影响力与竞争力离不开文化实力所给予的支撑和保障。因此，除了经济指标外，文化底蕴与文化厚度同样体现着一个国家的"软实力"，与国家政治和经济一并，反映其国际竞争力、影响力以及国际形象。

---

① 数据来源：周勇. 美国发布数据报告显示：文化艺术产业已占GDP重要比重［N］.
中国文化报，2014–07–10（10）.

中国，作为四大文明古国中唯一得以完整保存、延续至今的国家，所拥有的历史文化遗产与传统文化积淀是其他任何文化发达国家所无法比拟和企及的。我国在打造文化强国过程中，具有无与伦比的便利条件和先天优势。例如，截至 2013 年年底，我国共有人类非物质文化遗产代表作名录相关项目 38 项，其中《人类非物质文化遗产代表作名录》30 项，《急需保护的非物质文化遗产名录》7 项，《优秀实践名册》1 项。而这些实际上还都只是我国所拥有的众多优秀传统文化的一角。因此，中华民族所蕴含的上千年之久的优秀传统文化无论是从内容之丰富还是从意义之深刻来讲，均完全能够担负起打造文化强国这一伟大的历史重任。我国完全有能力、有资格通过对自身优秀传统文化资源进行大力开发与深度挖掘而屹立于世界文化之林，与其他文化强国分庭抗礼。正如近年来，我国通过走中国特色社会主义道路在政治、经济领域里取得巨大成功一样，我们有理由相信，在文化发展和对外传播过程中，通过充分发挥自身优势与特色，不照抄照搬他国文化发展模式，同样能够打造并成为世界文化强国中的一员。

然而就现实发展态势来看，不得不说理论与实际还存在着比较大的差距。我国虽然坐拥五千多年的悠久历史，但文化"多"而不"强"、"大"而不"精"的尴尬局面始终没有得到有效解决，这是目前我国文化发展和对外传播过程中令人痛心疾首的首要问题，理应值得我们进行深入的思考、反省与研究。针对这一点，崔玉宾（2013）[172]曾撰文指出，"中华民族有着悠久的历史与灿烂的文明，在长期发展中形成了自己独特的文化价值体系，但在世界文化体系中，中华文化长期处于边缘地位，中华文化的竞争力、影响力、贡献力与中国的国际地位、丰厚的文化资源不相适应"。而常年在新华社、中央电视台以及中国日报社等单位工作的外国专家同样指出，"在文化方面，中国已经向世界展示了许多优秀的文化，但与其博大精深的文化内涵相比还存在一定的差距。比如，在文化性质、旅游、社会、生活习惯、节日庆典等方面的对外宣传力度仍旧有所欠缺"（李倩，2013）[20]。因此，中国在经济领域中取得里程碑式的跃进后，对于国家文化"软实力"的提升与加强迫在眉睫，亟须提上日程。

此外，针对我国传统节日对外传播进行研究，对于保持和维护世界文化多样性具有极为重要的现实意义。早在 1973 年，联合国大会就已通过《保存和发展多元文化价值观》的决议，表明文化多样性是人类社会的基本特征之一，是人类社会发展和进步的重要原动力。蔡丰明（2009）[1]指出，"保护非物质文化遗产、文化多样性和可持续发展的理念，成为 21 世纪第一个十年影响最大的世界性文化思潮之一"。虽然蔡丰明上述预见式的提法并不一定完全准确无误，但不难看出，保护文化多样性在今天比以往任何时候都显得更加重要和更为迫切，保护和促进文化的多样性已经成为大多数国家的发展目标。而作为非物质文化遗产重要组成部分的传统节日文化自然不可置身事外。王学文（2010）[37]对此强调，"非物质文化遗产，是其持有者社群文化身份的重要标志，具有重要的艺术价值、历史价值或人类学价值。这对于保护人类文化多样性具有重要的意义"。因此，对外积极传播我国传统节日文化和民族文化，无疑能够进一步增强世界文化的多样性，丰富世界人民的精神文化生活。2014 年 9 月 27 日，国家主席习近平在全球孔子学院建立十周年暨首个全球"孔子学院日"来临之际指出，世界各国人民创造的灿烂文化，是人类共同的宝贵财富。我们应该通过交流互鉴和创造性发展，使之在当今世界焕发出新的生命力。孔子学院属于中国，也属于世界。中国政府和人民将一如既往支持孔子学院发展。让我们一起努力，推动人类文明进步，推动人民心与心的交流，共同创造人类更加美好的明天。李克强总理也在贺信中表示，希望孔子学院加深中外文化交融，让"和为贵""和而不同"的理念得到传承和发扬，为促进世界文明多样性和各国人民和谐共进作出更大贡献（新华网，2014）。中央社会主义学院党组书记叶小文（2014）曾经说过："纵览世界史，一个民族的崛起或复兴，常常以民族文化的复兴和民族精神的崛起为先导。一个民族的衰落或覆灭，往往以民族文化的颓废和民族精神的萎靡为先兆。文化是精神的载体，精神是民族的灵魂。中华民族的伟大复兴，要在现代化的艰难进程中实现，现代化则要靠民族精神的坚实支撑和强力推动。现代化呼唤时代精神，民族复兴呼唤民族精神。时代精神要在全民族中张扬，民族精神要从传统文化的深厚积淀中重铸。"我国历史悠久的传统节日中无不包含了诸如戏曲、音乐、舞蹈、民俗等在内的多种艺术形式，充分呈现与反映了我国民族民间文化的丰富多彩与博大精深，因此，深入研究我国传统节日的对外传播无疑会对保持和维护世界文化的多样性产生极为深刻的影响。

三、传统节日文化对外传播抵御西方强权入侵

当前资本主义的新一轮全球扩张已进入后殖民主义时代，其扩张方式和侵略手段不再仅仅依赖和局限于政治、经济以及军事方面的制裁和打击，同时也开始表现为文化意识形态的侵略①，价值观念和道德标准的输出，以及消费主义理念和享乐主义思潮的灌输等。西方文化霸权假借新自由主义②之名，对第三世界以及后发国家不断地进行精神压迫与文化限制，

---

① 西方媒体常常打着客观、公正、自由、公信的专业主义旗帜，将其奉行的西方新闻价值观升格为"普世"标准，只要谁的新闻价值取向与其不一致，就会被贴上"压制言论自由"的标签。孟威. 构建全球视野下中国话语体系［N］. 光明日报，2014 – 09 – 24（16）.

② 新自由主义（Neoliberalism）是英国现代资产阶级政治思想的主要派别，主张在新的历史时期维护资产阶级个人自由，调解社会矛盾，维护资本主义制度，因而成为一种经济自由主义的复苏形式，自从 20 世纪 70 年代以来在国际的经济政策上扮演着越来越重要的角色。新自由主义指的是一种政治 - 经济哲学，反对国家对于国内经济的干预。

致使发达国家与大部分发展中国家在文化交流的"入口"与"出口"方面的差距进一步拉大。与此同时，通过掌控和利用国际信息传播媒介，发达国家对发展中国家的政治、经济等诸多方面施加了越来越多的不利影响，使得西方发达国家之外的其他国家和民族逐渐开始自觉或不自觉地按照西方社会的价值理念和意识形态来诠释本国乃至本民族的传统文化，甚至出现了很多想方设法迎合西方人口味与话语的情况①。这些情况使得众多优秀民族传统文化遭到了极为严重的破坏，甚至在不少民族内部产生了大范围的认同危机。作为世界的一员，中国也受到了不小的影响。崔玉宾（2013）[172]指出，"随着经济全球化的不断深入，不同文化之间的交流、碰撞、竞争日趋激烈，西方价值观念、社会范式和文化准则等在强势经济的掩护下涌入中国，悄悄影响着中国人的文化传统、行为方式、社会心理与价值观念"。针对于此，本研究在积极响应近年来我国政府高层领导人多次号召的同时，将文化对外传播进行深度研究，无疑能够为抵御西方文化强权的侵略提出更具针对性的意见及建议，同时，还能够为我国正确树立国际形象，提升国际地位与影响力提供相应的解决方案与指导依据。

实际上，我国党和国家领导人从2000年起就开始重视我国文化领域工作的建设与开展，如党的第十六次全国代表大会提出大力发展社会主义文化；十七届六中全会将文化产业明确确定为我国新的经济发展增长点和重点培育对象，大力扶持文化产业，努力倡导文化大发展、大繁荣；习近平总书记在中共中央政治局第十三次集体学习时指出，要讲清楚中华优秀传

---

① 一些中国媒体从业者在学习现代新闻传播技能的过程中，产生了唯西方专业主义是从的思想倾向。面对一些新问题、新现象时，判断力不足，盲目追随西方转发议题，报道视角、观点上都呈现出依赖西方主流报道的倾向。不仅主动出让了话语权，而且间接扩展了西方的话语影响。孟威. 构建全球视野下中国话语体系［N］. 光明日报，2014 – 09 – 24（16）.

统文化的历史渊源、发展脉络、基本走向，讲清楚中华文化的独特创造、价值理念、鲜明特色，增强文化自信和价值观自信；刘云山在全国宣传部长会议上表示，要从中华优秀传统文化中汲取崇德向善的力量，建设全民族共有精神家园；刘延东在参观"中国春节走向世界——'欢乐春节'五周年回顾展"时强调，文化在提升国家软实力，增进与各国人民互相了解和友好交往方面发挥着举足轻重和不可替代的作用，要不断挖掘中国优秀传统文化的深刻内涵，传播中国优秀的文化理念，提升国家软实力。这一系列举措和言论的实施与发表，均表明了我国高层领导人所具有的卓越的全球大局观和敏锐的国际发展战略眼光。打造文化强国、提升文化软实力等众多词语与理念也油然而生，并逐渐深入每个人的心中。

2014 年 11 月期间，在北京举行的亚太经合组织第二十二次领导人非正式会议上，参加会议的各成员经济体领导人身着"新中装①"拍摄"全家福"，习近平夫妇向 APEC 他国领导人赠送国礼②。这些活动和环节无疑展示了中华威仪和大国风范，凸显了我国传统文化在国际外交和对外传播过程中所具有的重要价值与深刻意义。可以说，通过弘扬中华民族优秀传

---

① 一系列展示中国人新形象的中式服装，其根为"中"，代表的是中国的传统和文明；其魂为"礼"，代表的是中国礼仪文化；其形为"新"，代表的是传承基础上的创新。合此三者，谓之"新中装"。

② 国礼包含三件，分别是《四海升平》景泰蓝赏瓶、《繁花》手包套装、《和美》纯银丝巾果盘，前者为领导人礼品，后两者为领导人配偶礼品。其中，《四海升平》景泰蓝赏瓶瓶身 38 厘米高，为 38 米高的天坛祈年殿的等比例缩小。赏瓶最大直径 21 厘米，代表 APEC21 个经济体。由中国 7 位国家级、北京市工艺美术大师联手创作。采用北京工艺美术"四大名旦"之一的景泰蓝工艺，以藏于北京故宫博物院的霁红釉玉壶春瓶为原型，创新性地把画珐琅工艺、錾胎珐琅、掐丝珐琅三种传统珐琅工艺结合在一起。《繁花》手包套装以北京市代表性花卉——月季花为设计主要元素，结合花丝手包、花丝月季胸花、丝绸手绢，形成一套极具中国韵味又承载精湛手工技艺的套装。花丝手包采用了北京工艺美术"燕京八绝"之花丝镶嵌工艺制作。《和美》纯银丝巾果盘是由整块银板经过无数次纯手工錾刻而成。錾刻工艺距今已有近 3000 年历史，是皇家造办处独有的秘制工艺之一。

统文化来打造文化强国的渠道与途径已经完全打开，下一步的重点则是在于如何贯彻和落实习近平总书记所提出的对中华优秀传统文化进行创造性的转化与创新性的发展，使之符合时代之要求、人民之愿望、国家之目标的问题。

四、传统节日文化对外传播树立民族自信、增强文化认同

概略地讲，文化发展主要分为国内发展与国际传播两大部分。文化的国内发展不在本研究的讨论范围内，故不在此予以进一步的展开。而针对文化的国际传播来说，笔者认为从文化传播发展规律的角度可将其归结为两种模式，即"引进来"和"走出去"。"引进来"主要指：海外民众通过旅游、工作、学习等方式在我国境内频繁地接触、学习和体验中国文化。这种文化交流和交往活动实际上主要是通过主客体之间频繁而持久的人际互动，使得文化观念和影响逐渐地嵌入受传者的心中。就目前来看，"引进来"发展形势相对乐观、上升趋势明显，越来越多的海外民众选择在节假日期间到中国境内旅游，在游览我国江河山川、名胜古迹以及品尝地方特色美食的同时，也对我国的风土人情和传统文化有了更加深入的了解与认知。可以说，海外民众入境了解中国优秀传统文化的渠道已然形成，并日臻成熟与完善。

"走出去"则主要指：中国传统文化中最为精华、最为核心、最能够代表中国形象的各种文化要素，经过各种艺术表现形式的包装与加工，通

过国内外媒体相关的宣传报道、我国政府组织的跨国文化交流活动①②、在海外创立孔子学院③等众多方式积极主动地传播到国外，让海外民众能够在其居住地直接接触和了解到中国传统文化的精髓。笔者认为，相对于文化的"引进来"，我国的文化"走出去"战略发展仍处于初级阶段，更加值得广大学者和相关部门高度重视。

此外，本研究无疑对提升民族凝聚力、民族归属感，以及民族自信心有着重大的现实意义。张勃（2011）[128]在研究唐代社日活动时曾撰文指出，"以民众共同体为单位的社日活动具有联络组织成员感情、固化组织关系、建设并强化组织成员认同感和归属感等功能"。从远古部落的篝火狂欢到近代民众节日期间的合家团圆，节日习俗中存在的众多仪式性环节，以及以家庭、群体为单位的参与性活动无疑是在强调和强化民众个体所应具有的群体归属感和民族凝聚力。玉时阶（1990）[11]在《民族传统节日文化及其传承与改革》中有一段话很好地描述了节日活动所具有的社会意义："在

---

① 2006年大型跨国文化交流活动"玄奘之路"（旨在宣导玄奘所代表的坚韧、执着和包容的民族精神，弘扬中国同周边国家传统友谊，探询中印文化交流的渊源）；中俄系列主题年活动"中国年"（令俄罗斯民众漫步于绵延数千年的璀璨中国文明中而流连忘返）；"汉语年"（全俄共举办200多项活动，中国功夫、中华美食、中医中药、中国哲学这些中国元素越来越为普通俄罗斯民众熟悉和接受）；海外"欢乐春节"活动（使得春节文化中亲情、友情、和谐、和平的人文情怀和价值理念为越来越多的国家和民族认可）。

② 随着我国对外交流范围与渠道的拓展，我国已与100多个国家建立了文化合作关系，建立了完善的文化产业政策体系和国际合作平台，文化产业发展日渐成熟，逐步形成了"借船出海""造船出海""购船出海""银企合作"等多种文化"走出去"模式，为文化品牌跨入国际市场提供了坚实的支撑。崔玉宾. 中国文化"走出去"的现状及对策分析［J］. 人民论坛：中旬刊，2013（2）：172.

③ 孔子学院创办于2004年，旨在帮助各国人民学习汉语，了解中华文化，加强中外教育、文化交流与合作。截至2014年8月，我国已在全球122个国家合作开办了457所孔子学院和707个孔子课堂。刘硕. 中国已在122个国家合作开办孔子学院和课堂［EB/OL］. 新华网，2014－08－09.

节日期间，一个地方或一个民族的人们共同参加一个有组织的大规模的传统文化活动，相互间的接触交往，共同祭祀，集体娱乐，调节了人们的心理平衡，加强了个人与群体之间的联系，促进了人与人之间的灵魂、思想、感情的沟通，增强了民族内部的凝聚力和团结。这些由民族群众自己创造、自己组织、自己参与、自己享受的文化艺术活动，深深地渗透于全民族的节日文化生活中，每时每刻都在潜移默化地感染着全民族的精神，使全民族的每一个成员都熟悉自己祖先创造的历史文化，看到本民族的智慧和力量，从而增强民族的自尊心、自信心、自强心和自豪感，推动一个民族奋发上进。"刘魁立（2011）[244]对此也有所总结，"传统节日对于我们来说是一种民族认同和身份认同。在国外的许多唐人街，每逢过年连外国的总统们也都要到华人区拜年。我们这些华侨就要特意地表现我们自己的民族传统，比如，舞狮、扭秧歌、踩高跷或者跑旱船。为什么？因为在这个时候，它有一种特殊的民族认同，同时对于外人来说也是一种民族身份的认知。所以在这个时候我们就觉得自己内部的和谐和对外民族身份的显示都表现得特别清楚，同时我们在这个时候也会有一种民族的自豪感，觉得我们有一个内部标志，同时我们有一些内部的、彼此认同的仪式性的东西来联系着我们"。因此，针对我国传统节日对外传播进行系统的研究与科学的分析，无疑能够帮助世界范围内的中华儿女找到民族根与民族魂，让他们感受到自己是有所依托，有着血缘或地缘关系以及共同的文化根基。同时，还能够让每一个身处海外的国人都能够在节日期间感受到来自祖国和家乡的温暖与味道。

近年来，美国电影产业称霸全球、日本动漫产业蓬勃发展以及"韩流"席卷世界的态势给我国文化的发展和传播带来了强烈的冲击与影响。为了正确树立中国海外形象，提升中国文化的国际影响力、竞争力与对外传播力，我国领导人除了前述对我国文化整体发展做出的相关指示外，还曾多次在不同场合针对文化传播发表讲话与声明，提及积极对外传播优秀传统文化的重要性、必要性以及紧迫性。如在 2013 年年底，习近平总书记在考察曲阜孔府和孔子研究院时，曾经发表"国无德不兴，人无德不立"的重要言论，指出必须加强全社会的思想道德建设和对传统文化的学习热情，努力实现中华民族传统文化、传统美德的创造性转化及创新性发展。2014 年 3 月 28 日，习近平总书记在联合国教科文组织的演讲中再次指出，文明因交流而多彩，文明因互鉴而丰富。文明的交流与互鉴，是推动人类进步和世界和平发展的重要动力（钱中兵，2014），而文化传播则是世界文明交流与互鉴的重要手段。这无疑表明，我国政府希望学界、业界能够采取各种方式和方法，通过尽可能多的形式与渠道，大力对外传播中华民族优秀传统文化。并且对外传播中华民族优秀传统文化也是我国文化大发展中的重中之重，因此完全有理由对其进行细致规划与系统研究。对此，王学文等人总结道，"2007 年，提高国家文化软实力写入了中国共产党第十七次全国代表大会的报告，一跃上升为国家发展战略。中国传统节日文化是文化软实力的重要内容。因此，保护、传承和利用中国传统节日文化，推动中国传统节日文化的海外传播，成为提升文化软实力、体现中国文化影响力的重要方式之一"（张士闪，2013）[132]。

　　而针对我国文化对外传播的现状，崔玉宾（2013）[172-173]指出了两方面不足，第一，"中国已开始了文化'走出去'的征程，但中华文化的文化吸引力还明显不足。目前，各地过分注重文化产业化进程，忽视文化传播的内容、文化产品的质量，造成文化产品质量滑坡、缺少创造性，这成了我国国际文化交流中的'短板'"；第二，"传统文化资源开发不够。……只是以片面化、零碎化的方式呈现给西方世界……缺少中国文化的精神母体，没有体现中华文化的文化价值、民族精神"。同样地，周瑾（2008）[73]在其文章中用自问自答的方式印证了崔玉宾的观点，"为什么《大长今》

能够风靡中国？为什么《哈利·波特》能在中国引起阅读旋风？为什么美国大片能引进一部火一部？为什么我们中华文化的输出却步履艰难？原因就在于人家能够挖掘自身民族的传统精神和文化内涵，去赢取别国受众的共鸣"。可以看出，我国在文化对外传播过程中，不是没有想法和作为，而是在一定程度上缺乏宏观层面的指导与微观层面方式方法的实施。

值得欣喜的是，从 2002 年党的十六大宣称要弘扬和培育民族精神，到 2005 年多部门联合发布《关于运用传统节日弘扬民族文化的优秀传统的意见》，再到 2007 年国务院决定将清明、端午、中秋、除夕列入国家法定节假日等一系列举措不难看出，近年来，我国政府希望能够以对我国传统节日文化的弘扬与传播作为切入点，强调民族传统文化的传播与保护和社会伦理道德的建设与更新。云南省社科联主席范建华（2012）[1]对此表示赞同，并指出，我国传统节庆活动是发展民族文化产业、提升对外形象的重要资源。

然而，正如我国著名社会学家费孝通（2013）[45]书中所讲，"各种文化里长大的人不能互相了解是当前世界的一个严重的问题。以往，世界上各地的人民各自孤立地在个别的处境里发展他们的生活方式，交通不便，往来不易，各不相关。现在却因交通工具的发达，四海一体，天下一家，门户洞开，没有人能再闭关自守，经营孤立的生活了。在经济上我们全世界已进入了一个分工合作的体系，利害相连，休戚相关，一个世界性的大社会业已开始形成。但是各地的人民却还有着他们从个别历史中积累成的文化，不同的文化中有不少价值标准是不相同的。同样一件事，一句话，可以在不同文化中引起不同的反应"。文化交流总是伴随着文化冲突、摩擦与误解而进行的，费孝通早在 20 世纪就已经注意到了这一现象和趋势的出现，并相应地提出了这一观点。如今，世界范围内人口流动的速度更快、流动性更强，文化交流和对外传播过程中所产生的误解、矛盾与冲突也越发严重与棘手。而随着"一带一路"建设的开展，实际上为沿途国家的文化交流互鉴、各国人民相互理解包容提供了千载难逢的机遇。因此，如何科学、系统、高效地将我国传统文化对外传播，是十分值得注意与深思的问题，也是目前我国对外传播亟待解决的问题之一。因此，本研究"我国传统节日对外传播研究"作为我国文化"走出去"宏伟蓝图的重要支撑，也相应地孕育而生。

第二节　我国传统节日文化对外传播的理论依据

周边传播理论是北京大学新闻与传播学院陆地教授针对目前我国传播学研究中所存在的弊端，为国家对外传播的发展而建构的崭新理论体系。陆地（等，2015）[29]认为，虽然当下我国政府对外提出"和平崛起"的发展理念，但实际上并未赢得国际社会的认可，其中很大一部分原因是"中国的国际传播战略出现了舍近求远的重大失误，周边传播不受重视，更不到位"，"狭隘地把传播仅仅理解为大众媒介传播，而忽视了大众本身的传播功能"等。当下，对外传播活动所呈现出的主体多样性、渠道立体性、效果直接性以及内容不可控性使得以区域传播、国际传播、跨文化传播为代表的传统理论体系在指导具体传播实践时愈发捉襟见肘。而周边传播理论以对外传播国家良好形象为己任，在重视国家及媒体作为国际传播主体的同时，将传播主体概念扩展至地方政府、商业组织乃至个人，强调近距离、对象化的差异性传播。这一理论体系的建立，从内涵到外延均极大地增强了对外传播的针对性、有效性，既兼顾了传统理论体系的核心内涵，同时又涵盖了当下传播活动的时代特性，对于我国对外传播活动的开展具有极为重要的现实意义。

采用周边传播理论，我国传统节日对外传播活动的开展能够有效避免跨文化传播理论在指导传播实践时容易产生的误区，能够矫正对外传播即是对西方发达国家传播的刻板观念，将工作重心优先放在具有高度文化相似性的周边国家；同时还能够避免国际传播的主权性、政治性、实用性导向，在开展活动时注重官民结合的传播方式，强调除大众传播、组织传播外多主体、多渠道、多方式的传播理念。因此，周边传播理论体系的提出，为我国传统节日对外传播活动的开展从方向上提供了极为有效的理论依据。

根据周边传播理论，我国传统节日对外传播的主体不仅包括政府及媒体，同时还应将地方组织、机构以及个人考虑在内。我国政府相关部门直接在海外开展的各类具体活动以及我国官方媒体的对外宣传报道属于"大周边"传播活动，我国驻外机构、当地华人华侨以及海外留学及工作人员所开展和组织的活动则属于"小周边"传播活动。不论大周边传播还是小周边传播，均应以文化相似性为基础逐级展开线圈式传播。大周边传播注重大众媒介尤其是电子媒介的使用，辐射范围广、覆盖强，传播内容具有较高的可控性；而小周边传播注重机构、组织、团体及个人的媒介属性，传播渠道、传播手段、传播内容更加灵活、丰富、具有针对性。因此，我国传统节日对外传播过程中，既要重视"大周边"传播活动的规划与布局，同时也应兼顾"小周边"传播活动的效果及影响，能够有效地弥补当下我国对外传播中只强调政府及媒体功用所带来的弊端。

第三节　我国传统节日文化对外传播的目标规划

传播活动中经常会涉及诸多环节及要素，其中任何一个环节或要素的改变都会给最终的传播效果带来一定的变化和影响。而对外传播活动所涉及的环节及要素往往更为复杂多变，加之文化、地域、种族、语言、国际关系等其他外部因素的限制，要想取得理想的传播效果并非易事。对此，首先应明确预期传播效果的最终实现并非一朝一夕所能达成的，我国传统节日在开展对外传播活动时，也不应急功近利，急于求成，应设立短期计划及长期目标，分阶段、分步骤、有战术地逐步实现对外传播的预期目标。在此，本研究提出了我国传统节日对外传播过程中短期内亟待解决的问题、长期有待完成的任务以及发展方向及工作重点。

一、短期目标

首先，鉴于春节在我国传统节日中的龙头地位及其目前在对外传播过程中已取得的重大进展，短期内应将进一步巩固春节国际地位、扩大春节国际影响力作为我国传统节日对外传播的工作重点。近年来，随着海外留学及务工人员的足迹遍及世界各地，海外华人华侨群体国际影响力和社会地位的不断提升，与中国相关的各种元素开始变得炙手可热、备受追捧，春节文化也因此在海外获得了一定的市场和发展空间。"欢乐春节"活动虽然倾注了巨大的人力、物力及财力，但其在海外所产生的效果及影响无疑也是巨大的。目前来看，春节及其文化内涵已然在海外获得了不小的知名度与美誉度。因此，在短期内，春节对外传播所遇到的困难和阻碍无疑要远远小于我国其他传统节日。对此，通过进一步扩大和巩固春节的国际地位及影响力，将春节打造成世界知名、全球共享的国际化节日，让海外民众通过春节了解中国传统文化精髓后，我国其他优秀传统节日的对外传播之路也将更加便捷、更加自然。

其次，在短期内，应进一步丰富和完善我国传统节日对外传播的渠道及方式。在对外传播渠道方面，如前所述，虽然近年来我国媒体海外信息传播能力取得了实质性的进展与突破，但不可否认的是，国际信息的生产、加工与传播依然主要由西方媒体牢牢掌控。西方媒体受价值观念、意识形态及自身利益得失驱使，加之对于我国传统文化的一知半解，在对我国传统节日相关信息进行报道与传播时，往往带有一定的偏见，不能够做到真实、客观、公正、正确地反映和解读我国传统节日文化内涵，有时为了达到特定的目的及效果，甚至还会对我国媒体所发布的信息进行断章取义式的误读和引用。因此，只有不断扩大我国媒体在国际社会的传播力和影响力，在国际上建立成熟、完善、高效的信息采编系统，才能在国际社会上发出真正的"中国声音"，我国传统节日及其文化内涵才能进一步被海外民众所了解。

在对外传播的方式方面，我国传统节日也不应仅仅局限于官方渠道（如政府、主流媒体）的对外传播。正如张昆（2013）[49]所述，"由于长期的自由民主传统，这些（以西方为首）国家人民对于官方主导的传播抱有一种本能的不信任情绪，而中国的对外传播活动基本上是官方主导的，要么是国家通讯社，要么是党委机关报（台），其讲述的也是官方的权力话语，这必然会使他们（外国民众）对来自中国的信息有所保留"，这种刻板印象①、偏见②以及某种程度上的歧视③带来了更多的抵触和对抗，严重阻碍了我国传统节日正常的对外交流。除去我国主流媒体的宣传报道外，由政府组织的"欢乐春节"活动虽然取得了一定的海外影响力，但其发展模式耗资巨大，我国其他传统节日要想采用同样的发展模式进行对外传播绝非易事。种种情况已然表明，我国传统节日对外传播活动要想取得进一步发展，传播方式亟须补充与丰富。

最后，如果说丰富和完善我国传统节日对外传播的渠道及方式解决了如何在世界范围内进一步发出"节日声音"的问题，那么在短时期内，我国传统节日对外传播所要面对和亟待解决的另一项任务就是如何向海外民众讲好"节日故事"。西方传统节日在我国成功传播的经验表明，在面对拥有不同历史、文化、语言、制度、习俗的群体进行跨文化传播时，为了达到预期的传播效果，应对传播内容进行策略上的选择与取舍，去其大而求其精，以双方经验交集作为突破口和出发点，最大限度地寻求双方的共性，努力减少双方在文化层面上的差异与冲突。因此，在海外民众接触我国传统节日初期，将节日习俗及文化内涵毫无保留地呈现往往会适得其反，甚至产生消极的影响，有碍于传播目的的实现。实际上，近年来我国春节文化对外传播时就曾遭遇到这方面的问题。比如，由于文化内涵的丰

---

① 所谓刻板印象（stereotypes），是我们在日常生活中接受其他文化信息时，因过分简单地归纳而形成的对他文化的概念化认识，并由这种概念化的认识形成对他文化的成见。参见单波. 跨文化传播的基本理论命题 ［J］. 华中师范大学学报：人文社会科学版，2011，50（1）：107.

② 所谓偏见（prejudice），就是在没有获得全面、准确的信息的基础上对他文化做出的不理性的批判，进而由此形成对他文化的否定性态度。参见单波. 跨文化传播的基本理论命题 ［J］. 华中师范大学学报：人文社会科学版，2011，50（1）：107.

③ 当对于他文化的否定态度转化为行动时，产生的行为就称为"歧视"，即在种族、性别、年龄、职业等层面上不公正地对待个体的行为过程。参见单波. 跨文化传播的基本理论命题 ［J］. 华中师范大学学报：人文社会科学版，2011，50（1）：107－108.

富性，春节在国际上拥有多个英文称谓相对应（Spring Festival，Chinese New Year，Chun Jie，Lunar New Year等）。在对外报道和传播过程中，这些称谓经常被混合使用或交替使用，海外民众对此往往难以区分，常常产生困惑与迷茫，不知道这到底是同一个节日还是不同的节日。在对"欢乐春节"活动的传播效果进行全面评估时，评估小组就曾指出春节的英文（及其他外文）的翻译亟待标准化与一致化。而"如何对春节名称进行准确、统一的翻译"也一直是春节对外传播过程中的一项重要议题。在2012年10月12日文化部对外文化联络局组织召开的"春节文化与春节国际化"专题研讨会上，春节称谓翻译问题作为一项重要内容被提上议程，参会专家及学者对此的反响甚是强烈，甚至直接在会上展开了针锋相对的辩论，由此可见精简、凝练、统一传播内容在对外传播过程中具有重要意义。

然而，需要特别补充的是，这种对传播内容进行策略上的选择与取舍，并不意味着全面否定我国传统节日中所蕴含的众多丰富多彩的优秀文化传统，而是为了选择其中更具文化普遍性、共通性的内容进行优先传播，为的是在传播初期更加容易地获得对方的接受与认同。正如王战（2015）[157]所述，"一种文化能够在另一个文化圈中传播、接受并被认同，是因为这种文化在本质上具有为人们所公认的'普世价值'"。例如，在对外传播七夕节时，应重点突出节日中牛郎织女可歌可泣的爱情传说，强调七夕节与西方情人节之间所具有的众多相似之处，引发海外民众的联想与共鸣。相反，如果一味强调七夕节中所蕴含的门第之别、等级秩序以及伦理道德等传统观念，势必不会获得长期以来追求自由、平等的海外民众的理解与认可。

二、长期目标

首先，从长远发展角度来看，我国传统节日对外传播的最终目的并不仅仅局限于将春节打造成为世界人民所共享的国际性节日，诸如端午、中秋、七夕、重阳等在内的其他传统节日同样也是我国未来对外传播的重点。虽然这些节日在主题、活动、仪式等方面有所不同，但实际上是从不同侧面、不同角度同样传递着我国传统文化中重要的价值观念及哲学思想。因此，应将以春节为依托推动我国其他传统节日走出去作为我国传统节日对外传播的长期目标。这一目标的设立，既是基于现实情况的考虑，同时也是事物客观发展的必然。对于传播方而言，春节丰富的对外传播经验及发展模式无疑能够使我国其他传统节日的对外传播事半功倍。对于受众而言，对春节文化的接触与了解无疑能够帮助其更好地理解我国其他传统节日中纷繁复杂的文化内涵及节日事象。而对于节日本身而言，我国其他传统节日也能够通过春节的对外传播获得海外民众更多的关注度与参与热情。

其次，为了确保我国传统节日对外传播活动能够长期、持续、稳定地进行，还应对建立健全我国传统节日对外传播评估体系进行长远规划。我国传统节日对外传播活动起步相对较晚，经验明显不足，活动投入与产出不成正比。在对传播活动进行评估时，活动组织者往往只看重活动数量、参与人数的多少，只重主观投入，不顾客观收效。这些问题的产生，一方面是由于对对外传播活动客观发展规律认识的不足，另一方面则是由于在开展我国传统节日对外传播活动时缺乏全面系统的评估体系。因此，随着对外传播活动的不断，应逐步对包括传播主体、传播渠道、传播内容、传播对象、传播效果等在内的传播链条上的各个环节进行全面系统的评估，使传播活动的开展和改进更具针对性，避免不切实际的盲目投入。

最后，通过长期对外传播我国传统节日，使海外民众更好地了解我国传统文化精髓，使中国的国际形象更加全面、客观、真实。在我国传统节日对外传播的初期阶段，海外民众更多的情况下是抱着好奇和看热闹的心态参与和关注我国传统节日的。而我国传统节日对外传播活动分步骤、分层次的展开，应使海外民众能够逐渐透过纷繁复杂的节日表象认识到其中所蕴含的深层文化内涵，使其在认知、态度以及行为等层面产生一定的变化，更加全面、客观地了解到中华民族的文化精髓和处世哲学。

第四节　我国传统节日文化对外传播的层次与布局

亨廷顿在研究了当今国际关系走势及世界格局发展后大胆提出，冷战后的世界将不再由传统意义上的政治及经济大国所主导和掌控，而更多地由世界范围内的各大文明所支配，并将当今世界划分为西方文明、中华文明、印度文明、日本文明、伊斯兰文明、东正教文明、拉丁美洲文明和可能的非洲文明。此观点一经提出，便在学术界引起了广泛而激烈的争论，学者们纷纷撰文表示赞同或质疑。亨廷顿观点的正确与否并不在本研究的讨论范围之内，然而其对当下世界范围内不同文明体系的划分却对本研究具有一定的启发性。本研究以亨廷顿的理论为基础，从历史的角度充分考虑各文明间的渊源及联系后，最终提出我国传统节日对外传播的文化圈层理论，将整个世界划分为儒家文化圈（包括中华文明、印度文明、日本文明）、基督教文化圈（包括西方文明、东正教文明、拉丁美洲文明、可能的非洲文明）以及伊斯兰教文化圈（伊斯兰文明）。在此需要特别强调的是，文化圈层理论的提出目的在于为我国传统节日的对外传播活动提供更具针对性的策略及建议，因此这一对世界各大文明的划分及整合的合理性与适用性也仅限于本研究之中。

根据文化圈层理论，我国传统节日在开展对外传播活动时，应以不同文化圈层与我国传统文化的相似性与关联性为参照，先在儒家文化圈内展开我国传统节日的传播，随后尝试将传播活动扩展至基督教文化圈，最后为伊斯兰教文化圈。这一传播顺序的依据在于，地理上的邻近及频繁的商贸往来，使得处于儒家文化圈内的各个国家与中国有着历史上的紧密联系性，能够长期地接触到我国的传统文化。并且由于中国在历史上的一度强盛，很多情况下，以儒家思想为代表的中国传统文化曾经也成为周边各国争相学习和模仿的典范，致使中国传统文化对这些国家的众多方面均产生了重要影响，有些甚至一直持续到今天。例如，在今天的礼学界，不少学者经过实地调研和考察后都认为韩国在中国礼仪文化尤其是汉代礼俗的传承方面拥有完善的制度与良好的氛围。因此，这些国家的民众对于中国传统文化并不陌生，甚至可以说具有较高的认知度。得益于此，我国传统节日在儒家文化圈内进行传播时，传播方式可以更为直接，传播内容可以更为丰富。实际上，从目前我国传统节日在海外的传播情况来看，以韩国、日本、新加坡、泰国为代表的儒家文化圈是我国很多传统节日的重要传播者和参与者。这些国家的一些民众甚至完全继承了我国各个传统节日中的各项祭祀仪式和娱乐活动。

基督教文化圈自古以来就与中国有着极为密切的联系，虽然二者在政治体制、价值观念、宗教信仰、意识形态等众多方面相差明显，然而受战争、商贸、传教、殖民等多重因素的影响，基督教文化自始至终与我国传统文化有所接触和交往，而基督教东传的历史以及近年来西方传统节日在我国成功传播的事实更加印证了，如果采取适当的传播策略，传播合理的文化内容，双方之间是有可能进行对话与沟通的。以此为据，我国传统节日在基督教文化圈内进行传播时，应充分借鉴西方传统节日在我国"本土化"的传播模式，淡化我国传统节日中有可能与其宗教文化产生直接对抗与冲突的内容，转而强调和突出节日之中为全世界人类所普遍认可和追求的价值观念。

　　而根据亨廷顿的说法，对于伊斯兰教文化圈内的各个国家来说，伊斯兰教不仅仅是一种宗教和精神信仰，更是其民众的一种生活方式。始于20世纪末的伊斯兰复兴运动，更是在更广泛的范围内将广大穆斯林同胞团结起来，为实现同一目标而共同奋斗，这一过程更加坚定和强化了伊斯兰教文化的民族性、独特性与重要性。美国传播心理学家 H. H. 凯利和 E. H. 沃卡尔在1952年曾就群体及宗教规范与外来信息传播活动效果的相关性进行了一系列研究，结果显示"在说服的观点与群体规范一致的场合，群体规范可以推动成员对观点的接受，起到加强和扩大说服效果的作用；在说服的观点与群体规范不相容的场合，后者则阻碍成员接受对立观点，使说服效果发生衰减。不仅如此，在群体归属意识较强的成员那里，它还会唤起一种'自卫'行为，使对立观点的说服活动出现逆反效果"（郭庆光，2011）[82]。因此，强烈的民族宗教文化意识使伊斯兰教文化圈的成员在伊斯兰式的行为准则及道德规范的浸染下，对外来文化始终有着天生的警惕和抵触情绪。历史上，伊斯兰教文化圈与中国的接触和交往在更多情况下是出于被动和无意识的。因此，我国传统节日在伊斯兰教文化圈内进行传播时，应确保传播方式及传播内容的高度成熟与稳定。

　　此外，还需注意的是，在运用文化圈层理论时，不仅要考虑到不同圈层之间所具有的大范围的文化差异性，同时也应注意到即使在同一文化圈层内依然存在小范围的亚文化差异性。按照小约瑟夫·奈的观点，亚文化认同冲突往往要比不同圈层间文化认同冲突更多，更值得关注。因此，在我国传统节日对外传播过程中，即使掌握了针对不同文化圈层的传播策略及要领，在开展具体的对外传播活动时，仍需要考虑到在同一文化圈层内，不同国家、不同民族以及不同信仰的民众在个人需要、态度倾向、价值观念等方面的差异，应在微观层面针对具体的传播活动有所调整，充分考虑到不同传播活动可能带来的不同效果。

第五节　小结

　　综上所述，本章首先从经济层面、文化层面、政治层面以及社会层面阐释了当下开展我国传统节日对外传播活动的必要性与可行性，为我国传统节日对外传播发展的研究提供了充分的依据。其中，从经济层面来看，我国已正式成为继美国之后的世界第二大经济体，但数据显示我国核心文化产品出口额与其他文化强国之间仍有不小的差距。因此，围绕我国传统节日对外传播进行研究，无疑将有助于加强我国文化产业的对外发展，增强文化产品和文化服务的国际竞争力。从文化层面来看，我国虽然坐拥五千多年的悠久历史，但在民俗文化的传承与保护问题上始终落后于日本及韩国等国，文化"多"而不"强"、"大"而不"精"的尴尬局面始终没有得到有效解决。而在全球化的今天，一个国家的国际影响力与竞争力离不开文化实力所给予的支撑和保障。因此，围绕我国传统节日对外传播进行研究，不仅能够在打造文化强国的过程中充分发挥自身优势，同时还能够为维护世界文化多样性做出重要贡献。从政治层面来看，资本主义通过意识形态侵略、道德标准输出等方式所进行的新一轮全球扩张对我国施加了诸多不利影响。因此，围绕我国传统节日对外传播进行研究，实际上是将文化对外传播置于国家层面的高度进行研究与考虑，无疑能够为抵御西方文化强权的侵略提出更具针对性的意见及建议，同时还能够为我国正确树立国际形象，提升国际地位与影响力提供相应的解决方案与指导依据。最后，从社会层面来看，近年来，我国领导人曾多次在不同场合针对文化的国际传播与交流问题发表讲话与声明，提及积极对外传播优秀传统文化的重要性、必要性以及紧迫性。但相较于文化的"引进来"，我国文化

"走出去"仍处于初级阶段。因此，围绕我国传统节日对外传播进行研究，无疑能够通过尽可能多的形式与渠道，大力对外传播中华民族优秀传统文化，让海外民众能够在其居住地直接接触和了解到中国传统文化的精髓，同时大力提升我国民众的民族凝聚力、民族归属感，以及民族自信心。

其次，为了保证我国传统节日对外传播活动开展的有效性，笔者进一步提出了我国传统节日对外传播的目标规划、层次及布局。其中，在短期内，我国传统节日对外传播应进一步巩固春节的国际地位，扩大春节的国际影响力；丰富完善我国传统节日对外传播的渠道及方式；统一、规范、精炼对外传播的节日内容。从长期发展的角度来看，为了保证我国传统节日对外传播活动开展的持续性与稳定性，则应以春节为依托推动我国其他传统节日走出去；建立健全我国传统节日对外传播评估体系；使海外民众通过我国传统节日更好地了解我国传统文化精髓及国家形象。而为了确保上述目标的顺利实现，笔者提出了我国传统节日对外传播的文化圈层理论：在开展对外传播活动过程中，应充分考虑各文明间历史上的渊源及联系，以不同文化圈层与我国传统文化的相似性与关联性为参照，先在儒家文化圈内开展我国传统节日的传播活动，随后尝试将其扩展至基督教文化圈，最后为伊斯兰教文化圈。

第三章

我国传统节日的文化内涵与对外传播的核心思想

在本章中，笔者将以我国传统节日作为主要研究对象，通过探究节日的缘起、基本特征、哲学内涵以及当代发展等问题，深入了解我国传统节日中所具有的最为核心的内容。本章的主要目的在于，通过对我国传统节日本体进行研究，明确指出我国传统节日对外传播中所应传播的核心内容。

第一节　我国传统节日的缘起

众所周知，我国传统节日所具有的最为根本和重要的功能之一，便是为民众提供一个可以表达各种特殊心理诉求的特定时空。这些心理诉求在民众平日的生产生活中，往往由于繁忙的劳动和日常的琐事，而被大家所隐藏和忽略。通过节日，民众得以将自己对于自然、环境、家庭、亲友以及社会等方方面面的情感加以充分地流露与表达。而在传统节日具体形成过程中，我国所处的自然环境、所属的社会性质，以及所具有的文化思想均产生了至关重要的作用及影响。

一、自然环境促使

人类从诞生之日起就与自然界存在着一种极为密切的依附关系。在科学技术相对落后的年代里，自然环境和地理条件对于人类的生存与发展具有决定性作用，几乎所有人类行为都受限于周围环境的实际情况。这样，在无形之中，自然环境与地理条件也就在很大程度上决定了人类社会的生产方式、生活状态、民族性格、社会结构等众多内容。"一个地区的民俗，或者一种民俗事象，往往是由自然环境造就的。"（马新 等，2012）[194]这一观点，无疑也强调了自然环境对人类社会所具有的决定性意义。可以说，人类社会的发展进程中，所有的物质生产及精神生产均在不同程度上受到了自然环境与地理条件的限制与影响。

即使到科学技术十分发达的今天，自然界所发生的变化依然与人类的生活息息相关。例如，在农业生产领域，直到今天，天气的突然"变脸"依然能够十分轻松地影响到全世界 2500 万咖啡种植户的生活。天气的好坏在很大程度上决定着咖啡豆的质量，品质的优劣决定着价格的高低，而由于天气最终收获质量较差的咖啡豆则意味着种植者的血本无归。对于咖啡种植者来说，每磅咖啡豆的价格意味着是否能够供养自己的子女去读书，是否能够自给自足，其中的重要性不言而喻。在国际社会上，联合国为应对全球气候变暖的趋势，于 1992 年通过《联合国气候变化框架公约》（United Nations Framework Convention on Climate Change），呼吁世界各个国家全面控制二氧化碳等温室气体的排放量，努力减少社会发展给人类生存及自然环境所带来的危害。实际上，上至政府首脑下至普通民众，对于气候变暖、水土流失、城市雾霾、节能减排、低碳环保等一切与环境相关的问题始终都给予了高度的重视。正因如此，在诸如人类学、民俗学等学科中，研究者在进行学术研究时，往往要第一时间充分地了解与掌握研究对象所处的自然环境与地理条件，正如马新（等，2012）[195]所说，"在探讨民俗的成因时，自然环境往往是第一个进入人们视野的对象。若干独特的民俗现象，都可以从自然环境入手来寻找答案"。

作为我国民众所创造的物质文化与精神文化的集合，我国传统节日的形成与发展无疑同样受到了自然环境与地理条件的重要影响。众所周知，我国拥有相对广阔、肥沃的土地，同时拥有相对适合于农作物生长的气候条件。萧放（2011）[4]对此总结道，"中国是一个相对独立的地理单元，从地形高度看，是一个西北向东南敞开的大陆区，这里处在北温带，有太平洋季风进行气候调节，雨水、光照适宜于农业生产，中国农业很早就开始了"。先民们为了自身的生存与发展，经过与自然界的长期斗争后，逐渐熟悉并掌握了一整套相对完备的农业生产生活规律，"以农立国，重农抑商"也基本上成为旧时历朝历代封建统治者一贯的发展策略。"尽管中国也以海为界，但观念上只把海看作是陆地的中断和天限，而不像以地中海为代表的海洋文化，把海看作联系外界的纽带。"（忻剑飞，2013）[222]

因此，首先来讲，土地作为一种自然资源，对于我国先民的生存与发展至关重要。其次，农作物生长过程中不仅需要肥沃的土壤，同时还需要有适宜的气候相配合。然而，土地、气候等农业生产所必须的条件是遵循自然界的规律而发展的。因此，虽然祖先们辛勤耕耘，可依旧只能靠天吃饭。在科学技术匮乏的年代里，每逢出现诸如干旱、洪涝、霜冻等自然现象，早期民众运用自身所掌握的知识无法解释其中缘由，便认为上天有灵，是神灵不满，降罪于世人。于是为了自圆其说以及满足心理上的需要，人们编造出了诸如土地神、灶王神、太阳神等众多神灵的存在，并且认为这些神灵都是各司其职的。于是，为了安抚神灵，向其表示尊敬，民众开始举行祭祀仪式。在漫长的历史岁月中，祭祀仪式被人们不断地完善与丰富。其中，针对不同神灵，祭祀仪式举行的时间、选用的道具、仪式的内容也均有所不同。这种对自然神灵的崇拜，成为传统节日产生的重要条件和基础。

对于自然神灵的崇拜与敬畏导致我国众多传统节日中都有祭祀神灵的仪式与活动。例如，春节最早源于腊祭①，节日期间民众要祭祀上天百神。在立春节②时，民间有一项重要的节日活动就是祭祀"句芒神③"，此俗早在周代便已产生。百姓通过祭祀句芒神的仪式，占卜和预测当年的气候情况。李露露（2011）[34]曾对山东地区立春祭句芒神的情形进行过记载，"山东迎春祭句芒时，根据句芒的服饰预告当年的气候状况：戴帽则示春寒，光头则示春暖，穿鞋则示春雨多，赤脚则示春雨少"。而元宵节在发展初期是一种宗教性的节日，节日当天民众要祭祀"太一神④"。此外，元宵节一些地方还有祭祀门神⑤、床神⑥等习俗。《荆楚岁时记》中载："今州里风俗，正月望日祀门，其法以杨枝插门而祭之。"《清嘉录》中载："杭俗

---

① 古代祭祀习俗。先秦时代即已产生，那时人们在岁末用自己一年的收获来报谢众神。
② 又名打春、正月节，是二十四节气之一，由于它为春天之始，民间都把立春作为节日来过。
③ 春神，即主管草木和生命的神灵，其形象是人面鸟身。
④ 太一神又称"太乙神""天神"，道教将其称为"太乙真君"，是三官大帝之一，正月十五为其生日，故祭祀之。
⑤ 传统民间俗神，也指春节贴在门上用来驱邪避鬼的神像。最初的门神是刻桃木为人形，挂在门的旁边，后来是画成门神人像张贴于门。
⑥ 祭床神是民间传统祭祀习俗。俗以床神司人睡眠，以旧历岁终或新正上元间祭祀，以祈安寝。

祭床神以上元之后一日，品用煎饼。"中和节①则要祭祀太阳神②和土地神③。其中，祭祀太阳神可以说是最古老的自然崇拜之一。按照李露露（2011）[62]的说法，"（古代）人们日出而作，有了温暖，可以种植庄稼，入夜和阴天太阳又消失了。诸如此类变化，使人们产生联想，最后创造出太阳神"。此外还有夏至节祭祀田公田婆；端午节祭祀蚕神、农神；中元节祭祀地官；中秋节祭祀月神；下元节祭祀水官；祭灶节祭祀灶神④等。此外，我国众多少数民族节日中也有各民族所崇拜和敬畏的神灵，并且其中有很大一部分是与生活环境相关的自然神灵。这实际上是先民们在科学技术相对落后的年代里，在与自然界的互动过程中，为了满足自身心理需要而创造出来的精神产物。对此，百姓们选择特定的时日，在特定的空间内，使用特定的道具进行一系列的仪式和活动，通过强调这一日子的神圣性使之与平日相区别，表达出自己对自然神灵的虔诚与敬畏之情。

二、社会性质决定

同样地，我国农耕文明的社会性质在传统节日的形成过程中也起到了至关重要的作用。在我国，所处地理位置及自然环境决定了百姓以农业为主的生产和生活方式。通过长期的农业生产与生活实践，百姓们积累了丰富的经验，并逐渐掌握了季节、物候、天文等与农业生产相关的一系列事

---

① 中和节是唐德宗李适在贞元五年（789）所制定的，又名二月二"龙抬头"。本来在二月一日，后将土地神生日纳入其中，故改为二月二日。

② 即太阳星君，与月亮神太阴星君相对，亦称"炎火星君"。人们出于对太阳神的崇拜和农业生产的需求，祭祀太阳星君。

③ 土地神简称"土地"，又称"土神""福德正神"，俗称"土地爷""土地公公"，为守护地方之神。土地神原为神话传说中管理一方土地之神，古称"社""社神"。

④ 民间俗神。俗称"灶王爷"。人们在炉灶中生火做饭，认为灶神是天帝的使者，是一家之主。每年腊月二十四日上天述职，报人间家家户户善恶事，三十日下界赐福或降灾。百姓有求于上天，首先便求他，于是有贿赂灶神的祭灶。

宜。在此基础上，百姓们依照农业生产的客观发展规律，不断地调整着自己的作息规律和生产生活方式，从而形成了早期节日的时间框架。正如李汉秋（等，2009）³所说："'节'是天地时气的交合之处，是'天''地''日''月'的节奏，那么，也应当是'人'的节奏，是连通自然节律与人生节律的'节点'。"因此，我国不少传统节日都设立在二十四节气①的节点之上。我国的传统节日正是在这"天人和谐、天人合一"的主导观念中氤氲化育而成的。

就春节②来说，其形成必然与农业生产息息相关。春节也称"年""年节"，旧称"元旦""新年"，是我国最盛大、最热闹，同时也是最古老、最传统的节日之一，已有三千多年的历史，有着中华第一节的美称。春节的起源与农业生产及推算年、月、日的历法密不可分。"年"的本意就是指农作物的丰收，《说文解字》中将"年"翻译成"谷熟也"。在岁末年初、新旧交替之际，民众要为自己辛苦劳作一年所获得的收成进行一番热烈的庆祝，同时也要祭祀神灵、祈盼祖先保佑来年风调雨顺有个好收成。这种年复一年的仪式性、周期性行为久而久之便形成了一个一年之中最为盛大的全民性佳节，民间俗称"过大年"。在这里，"年"与农业生产是密不可分的。

除春节外，我国其他传统节日的形成与发展也与自然节气和农耕文明

---

① 古人根据太阳在黄道上的位置（黄经）变化和地面气候演变次序，将全年划分为二十四个段落，每段约隔半月，分列在十二个月里，称二十四节气。二十四节气分别是：立春、雨水、惊蛰、春分、清明、谷雨、立夏、小满、芒种、夏至、小暑、大暑、立秋、处暑、白露、秋分、寒露、霜降、立冬、小雪、大雪、冬至、小寒、大寒。

② 1914年1月，北京政府内务部在致袁世凯的呈文中提出："拟请定阴历元旦为春节，端午为夏节，中秋为秋节，冬至为冬节。凡我国民均得休息，在公人员亦准给假一日。"袁世凯批准了该呈文。由此，传统农历新年岁首在官方意义上正式被易名为"春节"。春节史话：传统农历新年岁首被正式易名为"春节"［EB/OL］.中国网，2009-01-27.

密不可分。例如，二十四节气之一的立春，在旧时是极为重要的一个节日，其节期一般在冬至后四十六天，或大寒后十五天。之所以把立春当作节日来过，主要的原因便是立春过后气温逐渐回升，新一轮的春耕就要开始，人们要通过特殊的节日仪式与活动，祈求新的一年里风调雨顺、五谷丰登。例如，众所周知的"鞭春牛①"活动，最早可以追溯至先秦时期。《周礼·月令》中曾记载，"出土牛以送寒气"。据考证，文献中的"土牛"即指"春牛"。立春"鞭春牛"活动的意义和目的主要在于，人们希望通过这样一种仪式送走冬天的寒气，为春天的耕种做好心理准备。在封建帝王统治时期，立春日鞭春牛是官民共同参与的活动，不少皇帝、大臣以及地方官员都对这项活动极为重视，将其视为一种官方制度严格遵守，亲自带领百姓一同举行仪式，意在提醒普通民众农业生产与辛勤耕作的重要性。李露露（2011）[41]对此总结道，"从立春节日活动看出，立春活动主要是祈求农业（包括畜牧业、养蚕业）丰收……立春之后，人们就开始春耕了，如备种子、修农具、送粪肥等"。直至20世纪80年代，在山西的不少地方还依旧保有这一习俗。

此外，我国少数民族的传统节日中也有不少与农业生产息息相关的内

---

① 立春传统祈年活动。指用柳条或柳棒等鞭打春牛，以劝农耕。亦称鞭春、鞭土牛、打春、立春打牛等。各地方知县于立春日奉牲礼果品于芒神、土牛前。正午，吏民击鼓三声，知县手执柳枝（即"春鞭"）或柳棒（即"春棒"）击土牛三下。然后，知县将春鞭、春棒交与吏，吏、民轮流击牛，至碎为止。李汉秋，熊静敏，谭绍兵. 中华节日［M］. 南昌：百花洲文艺出版社，2009：69.

容。如锡伯族的抹黑节①，其节日传说就与耕种麦种相关；景颇族的目脑节②，其节俗活动与庆祝五谷丰登有很大关系；而苗族的翻鼓节③更是根据农业生产和耕作的特点，把节日一分为二，分别在不同的月份举行。如此等等还有很多，鉴于篇幅和主旨所限，不再一一展开。

三、文化思想贯穿

在第二章中笔者已经谈及，文化的形成过程实际上就是人类对自我、对他人、对社会以及对自然所产生影响、学习以及适应的过程。在我国，以农立国基本策略的大力发展以及历朝历代统治者对这一策略的不断固化、强化和教化，促使中国社会形成了以儒家思想为主干和代表的伦理型

---

① 据传，从前锡伯族是不会种麦的。有一天，有老两口捡来一只瘸了腿的燕子，老两口给燕子养好腿后，放走了。过了些日子，燕子叼着一颗金黄而饱满的麦种，送给老两口。他们把它种下后，收了一斗麦子。好心的老两口就把它分给全村人去种，从此锡伯族开始种起麦来。原来，燕子是从天界的巡天神那里拿到麦种送给老两口的。巡天神的神犬曾告诫人们，人吃面粉狗吃麸皮。但有一年，偏偏有个粗心的媳妇怕公婆训斥把烙煳的面饼喂给了狗。巡天神知道后大怒，施法使凡界的麦子全得了黑穗病，那年收获的麦子、麦种全都是黑黑的。老两口与村里的人商量后，以抹黑脸表示接受天神惩戒，巡天神被感动，除去法术，麦子又恢复成原样。此后，锡伯族人在巡天神巡视人间的日子（正月十六日），为表示受之惩戒，均将脸涂抹成黑色。李汉秋，熊静敏，谭绍兵. 中华节日 [M]. 南昌：百花洲文艺出版社，2009：147.
② 景颇族传统节日。亦称"目脑""总戈""跳嘎"等，意为"大伙跳舞"。流行于云南德宏傣族景颇族自治州。一般三至五年举行一次，时在农历正月十五日后九天内，选双日进行，忌单日起讫，可延续两天、四天或六天。早期多以氏族为单位，后以行政辖区为单位开展活动。李汉秋，熊静敏，谭绍兵. 中华节日 [M]. 南昌：百花洲文艺出版社，2009：41.
③ 苗族节日。流行于贵州丹寨一带。每年农历二月头一个亥日或丑日过一次，九月头一个亥日或丑日再过一次。二月正值春耕大忙季节，节后人们便把芦笙挂起来，不再吹奏，以使人们集中精力干农事。九月过节，是因为经过半年辛勤劳作获得丰收，人们要庆祝丰收和祭祀祖先，便吹奏芦笙。李汉秋，熊静敏，谭绍兵. 中华节日 [M]. 南昌：百花洲文艺出版社，2009：157.

传统文化。英国著名历史学家阿诺德·约瑟夫·汤因比（Arnold Joseph Toynbee）在《历史研究》一书中就曾指出，中国传统文化的核心在于其道德性。在这种传统文化的培育和影响下，民众敬重祖先，重视亲情。在中国，与西方民众认为人死后去"天堂"见"上帝"有所不同，百姓们普遍认为人死后"灵魂不灭不散"，依旧世世代代地守护着子孙后代，因为血脉没断，"根"还在这里。因此，可以看到，每当人们要举行重大活动或重要仪式时，通常情况下第一项内容便是祭拜祖先；阖家团圆或聚会时，也要在饭桌上给祖宗留出位置，摆上一副碗筷；不少大户人家还有专门供奉自己祖先牌位的地方，定期上香祭拜。这些都表明了中国人怀念祖先，对祖先极为尊重的儒家传统伦理道德情怀。因此，为了满足自身的心理需求和文化传统的需要，百姓们就要求在日常生活当中有专门的时间节点用以祭祀和缅怀祖先，对健在的长者表示祝福，同时强化自身的血缘亲缘关系以及文化归属感。这样，久而久之，就促成了不少传统节日的形成与发展。

说到祭祖，不可避免地要谈到我国的传统节日清明节。清明节祭祖的习俗早在秦朝以前就已经出现，不少学者推测这种风俗很可能是随着祖先崇拜而产生的。到唐代时，清明节祭祖的节日习俗逐渐固定并流传开来。宋代，太学①要放假三天，武学②放假一天，好让师生们有充足的时间用以祭祀祖先。旧时，人们在清明节祭祖主要有两种形式：一是在自家祠堂祭拜祖先；一是上坟祭拜祖先。现如今，清明祭祖依然是一项极为重要的节日活动，不管现代社会多么发达，大多数人依旧要在这一天以各种形式缅怀自己的祖先。在我国政府大力推行和提倡火葬之后，大多数地方的民

---

① 太学是中国古代的国立大学。太学之名始于西周。

② 武学，原指中国古代的军事学校，始于王安石变法。

众已经不再进行传统意义上的上坟扫墓活动，取而代之的是到专门供奉祖宗牌位或存放祖宗骨灰的墓地进行扫墓献花，而南方多数民众要到家族祠堂进行祭拜。随着互联网的发展和普及，社会上渐渐出现了"网上扫墓""网络墓地"等花样繁多的新式祭拜方式。民众可以在网络空间中为自己的祖先购置专门的"位置"，并进行虚拟祭祀活动和仪式。凭借这种方式，在清明时分因故不能及时赶回故里的人们也能够很好地表达自己对祖先的思念之情。由此可以看出，虽然时代在不断变迁，社会在不断发展，祭祖的形式也有所变化，但人们对于祖先的敬重与追念之情却是始终如一的，这其中充分体现出我国传统文化精神的延续与传承。

周星（2014）[170]在论述传统节日体系在当下存活的原因时，也对传统文化思想贯穿于节日之中这一观点给予了肯定，他说，"传统节庆体系之所以能够在现代化和国家化潮流的冲击下依然存活，主要是因为以传统节庆体系为载体，在与传统节庆相关的各类民俗文化活动和庆典仪式里，蕴含着很多对中国广大民众来讲具有根本性的涉及幸福观、人生观和世界观之类的终极性价值意义"。因此，不光清明节，几乎我国所有的传统节日之中，都多多少少地包含着民众的幸福观、人生观和世界观，而这也恰恰是我国传统文化的精髓所在。广大民众年复一年地通过各个传统节日中丰富多彩的活动和仪式诠释着自己的世界观、人生观与价值观。

实际上，笔者对于我国传统节日成因的分析也与很多学者不谋而合，如高丙中（2005）[75]针对这一问题曾谈道，"中国的节日体系是一种成熟的文明的缩影。它既是我们先辈长期不懈地探索自然规律的产物，包含着大量科学的天文、气象和物候知识，也是中华文明的哲学思想、审美意识和道德伦理的集中体现"。在这里，高丙中所谈及的自然规律，天文、气象和物候知识，以及哲学思想、道德伦理等，可以说与笔者所说的自然环境、农耕社会以及传统文化如出一辙。

第二节　我国传统节日的基本特征

一、丰富的礼仪风俗

研究表明，生活内容的特殊性和参与主体情感体验的特殊性是构成我国传统节日的两大要素，而这两大要素的实现，无疑需要通过丰富多彩的节日礼俗来体现。换句话说，正是我国传统节日当中所拥有的众多异彩纷呈的娱乐活动、美味可口的节日食品，才使得节日能够从常日中脱颖而出，给予人们从物质层面到精神层面均不同于平日的愉悦与满足。这既是我国传统节日的一大功能，同时也是其一大特点。

就重阳节来说，旧时，每逢农历九月初九这一天，上至王公大臣，下至平民百姓都要参与到丰富多彩的节日礼俗之中，体验和享受节日给众人所带来的欢快与愉悦。重阳节节俗活动之丰富，从其众多的节日别称中就可略见一斑，如重阳节又称"登高节""茱萸节""菊花节""女儿节"等。

首先来说登高。重阳时分，秋高气爽、遍地黄花，旧时人们为了取吉利、避灾祸，从而发展出了登高这一传统习俗。冰心曾在《寄小读者》中说："九月九重阳节，古人登高的日子，我们正好有远足旅行，游览名胜。"登高所到之处，没有严格统一的规矩和讲究，高山、高塔之类均可。据考证，早在战国时期就已经有登高活动，而重阳节登高之俗则始于西汉，并且关于重阳节登高还有"桓景避难"的故事广为流传。

其次是佩插茱萸①，也称"戴茱萸""着茱萸"。佩插茱萸在古时便已成为汉族民间的节日风俗，流行于黄河中下游、淮河流域、长江流域等地。每年农历九月初九重阳节时，民间流行采摘茱萸插戴在头上，也有用茱萸入囊佩戴在身上的，认为茱萸能够驱邪治病，抵御初寒，故俗称茱萸为"辟邪翁"。到唐代时，插戴茱萸除了用以驱邪治病外，又增加了寄托离情、装饰美容、祝颂延年等含义。如唐代诗人王维的著名诗篇《九月九日忆山东兄弟》中的"遥知兄弟登高处，遍插茱萸少一人"至今脍炙人口、广为流传（乔继堂 等，2009）[123]。

此外还有饮菊花酒②。过去，菊花酒被人们视为祛灾祈福的"吉祥酒"，是重要的节日饮品，早在汉代就已盛行。汉刘歆《西京杂记》中记载："菊花舒时，并采茎叶，杂黍米酿之，至来年九月九日始熟就饮焉，故谓之菊花酒。"

除了登高远游、佩戴茱萸和饮菊花酒外，在我国的不同地区，重阳节还有服用菊花、吃重阳糕、观菊赏菊、祭祀海神、围猎射柳、放风筝等众多节日礼俗活动。实际上，与重阳节一样，我国其他传统节日也拥有着不计其数的节日礼俗。总而言之，我国传统节日总是：感自然节候而起，孕人文精神而丰，在社会的发展进程中不断地充实与丰富着人文内涵（李汉秋等，2009）[3]。可以说，这也是我国传统节日与现代商业节日之间所存在的重要差别之一。

---

① 茱萸，又名"越椒""艾子"，是茴香科落叶小乔木，有山茱萸、吴茱萸、食茱萸之分；其味辛辣，香气浓郁，有驱虫除湿、逐风邪、治寒热、消积食、利五脏等功用。它既是中药的常用药之一，也可作为食品中的调味品。李汉秋，熊静敏，谭绍兵. 中华节日 [M]. 南昌：百花洲文艺出版社，2009：123.

② 菊花酒，用菊花酿制的酒。简称"菊酒"。一般是在九月九日重阳节期制作、饮用。参见乔继堂，朱瑞平，任明. 中国岁时节令辞典 [M]. 修订版. 北京：中国社会科学出版社，1998：389.

二、生动的神话传说

节日中蕴含着生动的神话传说故事是我国传统节日的又一大特征。笔者经过研究后发现，我国很多传统节日在不同地区，或不同族群之中，经常流传着不同版本的神话故事，有些节日甚至还拥有多个传说。

以我国的端午节为例，每年农历五月初五为端午节，是夏季中最为重要的一个节日，至今已经延续了两千多年。关于端午节的神话传说，很多人只知道先贤屈原的故事，殊不知还有不少地区广泛流传着与介子推、伍子胥、曹娥、陈临以及越王勾践相关的节日传说。李露露（2011）[104]对此解释道："端午节的起源可能是为了祭祀水神或龙神而举行的祀神仪式，后来各地又根据自己的历史文化，对端午节起源作了自己的解释，其中纪念屈原是比较流行的说法。"

端午节有关屈原的传说目前流传范围比较广，影响力比较大。相传，我国历史上伟大的爱国诗人屈原，于五月初五抱石投江自尽。当地百姓闻讯，立即划船前来营救。后来得知屈原被蛟龙所困，为了驱走蛟龙，保住屈原完整的遗体不被鱼虾所食，家家户户都把粽子投入江中。从此之后，每年五月初五端午节，人们都要来到这里划船、扔粽子，逐渐形成代代流传的节日习俗。

在苏州一带，流传着端午节与伍子胥有关的传说故事。伍子胥本是楚国人，但其父与兄长皆被楚王所杀害，因此他投奔吴国，帮助吴国攻打楚国。五战入楚，攻进了楚国都城郢①，楚平王死亡，伍子胥掘墓鞭尸数百下，为他死难的父亲和哥哥报仇。吴王死后，其子夫差继位登基。吴国大

---

① 郢，古地名，位于湖北省荆州城郊外的东北处，距荆州古城约 3 公里。相传于公元前 278 年春秋战国时期楚平王所建。

宰相暗中接受越国贿赂，在夫差面前说尽了伍子胥的坏话。夫差轻信谗言，赐给伍子胥宝剑，逼他自尽。伍子胥临死前对身边的人说："我死后，把我的眼睛挖出来，悬挂在吴国城东门上，我要亲眼看见越国军队攻进吴国京城，消灭吴国。"言毕便拔剑自刎而死。夫差听后大怒，命令下属取伍子胥尸体装入皮革，于五月五日投入大江。

在浙江绍兴一带，民众在端午节当天要纪念曹娥。相传，东汉孝女曹娥十四岁那年，其父淹死在江中，数日活不见人，死不见尸。曹娥昼夜沿江哀号痛哭，并最终于五月五日那天投江救父。五天之后，父女俩浮出江面，曹娥捞出父亲遗体，自己也气绝身亡。百姓见后，无不震惊敬佩，孝女曹娥的故事也因此传为佳话。人们为了纪念曹娥，把她投江打捞父亲之处命名为曹娥江，在江边建起曹娥庙，而当年曹娥所居住的村子则改名为曹娥村，此外在浙江绍兴还建有曹娥墓。曹娥孝敬老父的美德，传遍大江南北，因此每逢端午佳节，很多人都要传颂孝女曹娥的动人故事。

在广西地区，端午节流传着广西官员陈临的传说故事。陈临本是广东人，汉顺帝时期任广西苍梧太守，"推诚而理导民以孝悌"。相传，当地有一遗腹子①，在长大成人之后，为给父亲报仇，杀死仇人，被官府逮捕，处以死刑。陈临听说囚犯无嗣，便令其妻到狱中服侍，待她怀孕产下小孩之后才对其行刑。由于教化百姓，施行比较开明的政策，使民众都能得到利益，故陈临深得苍梧人民拥戴。古时，广州府以五月初五为陈临祭祀日，每年在其祖神祠举行拜祭典仪一次。

此外，在浙江越国故地，还有端午节源于越王勾践操练水军的说法。而端午节最为重要的龙舟竞渡活动，也被认为是为了纪念越王勾践操练水师打败吴国的历史衍化而来的庆祝活动。据传，勾践被夫差放回国后，卧

---

① 指怀孕妇人于丈夫死后所生的孩子。

薪尝胆，立志雪耻，于当年五月初五成立水师，不停操练，最终一举消灭吴国。后人为颂扬勾践卧薪尝胆、坚忍不拔的精神，便仿效越国水师演练时的情景，于五月初五这一天划船竞渡，以示纪念。

除端午节外，我国其他传统节日中也蕴含着丰富多彩的神话传说，如春节有与"万年""钟馗""年""山臊""盘古"等相关的传说；元宵节有与"神鸟""汉文帝""元宵""黄巢"等相关的传说；清明节有与"介子推""刘邦""大禹"等相关的传说；中秋节有与"嫦娥""唐明皇""吴刚"等相关的传说；重阳节有与"桓景""贾佩兰"等相关的传说；而与七夕节相关的"牛郎织女"传说，更是我国民间四大爱情传说之一。由此可见，我国传统节日中蕴含着众多的神话传说故事。

三、美好的愿望诉求

民众希望通过各种节日活动和仪式祈求美好愿望的实现，是我国传统节日中的又一大特征。周星将此称之为合理主义和实用主义的节日观。他指出，"传统节庆体系的设计，大都是通过'全家福'式的团聚天伦、亲友（尤其是姻亲之间的）礼尚往来以及敬长者、拜祖先、祭鬼神等仪式，建构并满足中国民众生活所追求的幸福观和价值观的"（周星，2014）[172]。而费孝通（2013）[128]则认为这种现象实际上也具有一定的功利主义色彩，他总结道，"我们对鬼神也很实际，供奉他们为的是风调雨顺，为的是免灾逃祸。我们的祭祀很有点像请客、疏通、贿赂。我们的祈祷是许愿、哀乞。鬼神在我们是权力，不是理想；是财源，不是公道"。

笔者认为这种现象可以从三个层面进行理解。首先，民众在传统节日期间要对自然神灵进行相应的祭祀与崇拜，这主要是基于旧时人们自然科学知识的匮乏，以及在农业生产和繁衍子孙等方面的需要，为的无疑是祈求风调雨顺、五谷丰登、人丁兴旺；而由帝王和官方所举办的节日仪式，更多的是基于巩固自身统治地位以及推动社会发展的需要，为的是祈求国泰民安、基业永存。例如，在春节时，人们通过放鞭炮、贴门神①的方式来驱鬼辟邪，通过庆祝老鼠娶亲②的方式来防止鼠害；在七夕节通过"种生③"的方式来祈求子嗣满堂。官方方面，如前所述的立春节"鞭春牛"的节日习俗，除了祈福之外，实际上是一个"春耕动员大会"，意在鼓励百姓重视农业生产，维系国家的安全与稳定；冬至日祭天与夏至日祭地等仪式则是为了祈求天下太平。这种鼓励百姓进行农耕的节日习俗因其重要性而被深深地植入我国传统文化之中，甚至在很早就被研究中国传统文化的西方学者所知晓。孟德斯鸠曾在自己的著作《论法的精神》中以赞赏的口吻谈道，中国皇帝每年要举行一次公开而隆重的亲耕仪式，还要给耕种方面具有突出成果的农民以八品官职……李欣（2008）[244]则用"祭如在，祭神如神在"的比喻来解释民众认为神灵存在的目的主要是为我所用的认识和想法，并将中国传统节日与西方传统节日进行比较后指出，"中国传统的神灵大多是人们进行世俗利益诉求时的自然崇拜神灵，而不是那种可

---

① 传统民间俗神，也指春节贴在门上用来驱邪避鬼的神像。最初的门神是刻桃木为人形，挂在门的旁边，后来是画成门神人像张贴于门。传说中的神荼、郁垒两兄弟专门管鬼，有他们守住门户，大小恶鬼当不敢入门为害。唐代以后，又有画猛将秦琼与尉迟敬德二人像以为门神的，还有画三国时名将关羽、张飞像为门神的。门神像左右户各一张，后代常把一对门神画成一文一武。参见乔继堂，朱瑞平，任明. 中国岁时节令辞典［M］. 修订版. 北京：中国社会科学出版社，1998：455.

② 旧时民间俗信。为在正月举行的祀鼠活动，亦称"鼠娶妇""老鼠做亲""老鼠嫁女"。具体日期因地而异。参见乔继堂，朱瑞平，任明. 中国岁时节令辞典［M］. 修订版. 北京：中国社会科学出版社，1998：120.

③ 一种求育巫术，即在节日前，用若干种植物，如小麦、绿豆、小豆、豌豆等，放在器皿中浸水，生芽数寸后，于七夕日时用红蓝彩线束扎起来，作为一种得子得福的象征。另外，还有用蜡塑成各种形象物，放在水上浮游。这都是取悦于神祈求得子的巫术。

以求得心灵净化、精神升华、灵魂归宿和终极人文关怀的具有精神理性的'神'"。

其次，民众在传统节日期间要对祖先进行相应的祭祀与追念，这主要是基于传统文化伦理道德以及血缘亲缘关系等方面的影响，为的是祈求祖先对自己及族人的保护与庇佑；而统治阶级祭祀先祖则主要是垂范天下，其目的在于维护社会阶级秩序的稳定，强调三纲五常。例如，前面所说的人们在清明时节来缅怀和追思祖先的活动直到今天依旧盛行，虽然在祭祀的方式和方法上与过去大为不同，但其核心内涵和文化意义却是历久弥新。

最后，民众在传统节日期间要对亲友进行相应的祝福与关爱，这主要是基于中国人"以和为贵"以及尊老爱幼等儒家思想的影响，为的是增进亲人、朋友之间的情感和友谊；而统治阶级对官员及下属的祝福与关爱，更多的是在强调尊卑有别，也就是儒家所说的"君君，臣臣，父父，子子"等概念。例如，民间过年时，百姓之间通过走亲访友、相互拜年的方式来增进友谊；长辈通过给晚辈压岁钱的方式寄予祝福等。而官员间过年时也要相互往来，但更多的仅仅是出于形式，甚至一度出现了望门投帖的情形。明陆容《菽园杂记》卷五记载了这一情形，"京师元旦后，上自朝官，下至庶人，往来交错。道路者连日，谓之'拜年'。……朝官往来，则多泛爱不专"。文中所讲的"泛爱不专"就是对这一情形的描述。此外，每逢重大节日，皇帝要组织群臣宴饮，席间要依例对群臣进行赏赐。这实际上是我国古代君臣之间强调尊卑有序、各居其位的一项重要仪式。

第三节　我国传统节日的价值归宿与哲学内涵

李汉秋在接受笔者采访①时曾经指出，中国传统节日跟中国传统文化是一脉相承的，传统节日是传统文化的"活态"表现，是中国传统文化的重要组成部分，也是中华民族人文精神的集中体现。按照马新（等，2012）[143]的说法，"所谓人文精神，是与科学精神相对而言的，从根本上说，是指人生信念、社会理想、生存方式等方面的价值追求"。实际上，这种密切的关系不仅在我国社会成立，对西方社会来说也是如此，其重大节日如圣诞节、复活节、感恩节等，不论是节日的起源，还是节日的内容与仪式，大多都是与其自身文化高度匹配的。例如，复活节是基督教徒庆祝耶稣基督复活的节日；万圣节是罗马天主教为了纪念所有活着和已故的教徒所设置的节日；感恩节最早是英国清教徒与万泊诺亚格印第安人为感谢上帝的恩赐所举办的丰收宴等。

可以看出，在西方，其节日的起源和发展与自身宗教文化的传播与延续密不可分。而在我国，传统节日中所体现出的则是我国传统文化中，一种顺天时、重人伦、思集体的价值观与哲学观，是一种关于人与自然、人与人以及人与社会的哲学观念和指导思想。

一、顺天时

如前所述，中国是农业大国，农业生产是先民们赖以生存和发展的基

---

① 采访时间：2015 年 3 月 9 日；采访地点：北京市北四环中路华严北里小区 56 号楼
　3 单元301 室。

础，因此，正如萧放（2011）[4]所讲，"农业生计方式是中国传统时间观念发生的基础，因此中国人的时间体系以农时为中心"。而在旧时，农时在很大程度上是对天时和自然界气候客观变化规律的反映。科学技术相对落后，自然知识极为匮乏，使得人们对周围环境所能施加的影响极为有限，便不得不严格地遵守自然界四季交替、循环往复的时间法则和自然规律来从事自身的生产与生活活动。可以说正因如此，人们对这一所谓的天时，是又惊又怕、又爱又恨，感觉时间虽然看不见摸不着，但似乎无处不在、无所不能。民众的这种对时间观念的认知，在古籍中均有所记载和描述，如《论语·阳货》中讲，"天何言哉，四时行焉，万物生焉"；《礼记·月令》中载，"故作大事，必顺天时"等。因此，在古人眼里，农时就是天时，天时就是天道，做任何事情时，都要讲求顺应天道，万万不可逆天而行，顺天时就是顺王道，顺天时就能诸事顺。其中，与农业生产和传统节日体系关系极为密切的二十四节气，便是人们在这种时间观的影响下发明出来的。实际上，我国古代节日大多处在诸如二十四节气、月朔①、月望②等关键的时间点上。

二十四节气产生于公元前 500 年左右，是先人们根据太阳在黄道上的位置（黄经）变化以及地面气候演变的次序，将全年划分为二十四个段落，每段约隔半月，分列在十二个月里（乔继堂等，2011）[18]。二十四节气的产生和确立实际上也不是一蹴而就、一气呵成的，而是历朝历代民众在生产生活实践过程中不断完善的结果。如在殷代时，人们先是确立了春分、秋分、夏至和冬至，到战国末年时增加了立春、立夏、立秋和立冬，

---

① 即农历每月初一。
② 即农历每月十五日。

形成了所谓的四时八节①，而到西汉初年才形成了完整的二十四节气，并且每一个节气的具体称谓也是民众根据相应的物候及气象变化的特点来决定的，这些实际上都突显出了中国人自古以来就始终秉承着顺应天时的思想观念。而其中如立春、清明、冬至等节气，因其时间节点的特殊性与重要性，而逐渐成为我国重要的传统节日，并包含有相应的节日活动与仪式。李欣（2008）[243]对此进行了相应的总结，"在早期社会，它（传统节日）主要表现为人对自然的时间顺应以及对神灵的祭祀，人们循时而动，遵循的就是神秘的天时"。

此外，先民们还通过长时间地观察月亮、太阳以及地球相对位置的周期性变化，发明创造了诸如"朔""望""晦"等特定名词和称谓用以描述月亮所出现的盈亏现象，并根据这些特点和规律确立了诸如春节、元宵节、中元节、中秋节以及下元节等在内的众多传统节日。萧放（2011）[7]对此总结道，"从传统中国人的时间生活看，人们重视朔望时间，即初一和十五。初一、十五是传统的祭神日子，直到今天还有许多人在这两天到寺观烧香祭祀。月圆之夜，还是中国民俗节日青睐的日子"。李世军（2013）[32]在研究端午节的哲学内涵与文化意义时指出，"这种节日（端午节）的设置充分顾及了日月星辰、四季更替、地球和人类之间的关系，可谓'道法自然'"。

因此，可以肯定地说，我国传统节日体系因其与农业生产生活所具有的密切相关性，在节日的设置与构成上便充分体现出了这种顺应天时的哲学思想观念。"中国传统节日大都是以时序的自然变化为规律安排，表现为有周期性的时令节日。"（李世军，2013）[32]这些实际上与孔子的"仁者乐山，智者乐水"，老子的"人法地，地法天，天法道，道法自然"，庄子

---

① 四时指春、夏、秋、冬；八节指立春、春分、立夏、夏至、立秋、秋分、立冬、冬至。

的"天地与我并生，而万物与我为一"，以及宋人张载明确提出的"天人合一"的哲学观念不谋而合。

二、重人伦

重人伦自古以来便是中华民族的传统美德，是中华传统文化中的精髓。这种美德和精髓在许多方面都得以体现。马新（等，2012）[174]在谈及艺术时就曾说道，"艺术，就其本质功能来说，是为了满足人们的消遣娱乐需要，但中国传统艺术自创生之初，就充分体现出注重人伦教化、经世致用的人文精神"。实际上，不光我国传统艺术如此，我国的传统节日作为传统文化的"活态"载体和代表，其中也充分体现和传承着这种注重人伦情感的哲学思想。父子、君臣、妇女、兄弟、朋友之间的伦理道德关系均在节日之中有着很好的诠释。每逢节日，人们都要与家人团聚，享受天伦之乐，都要走亲访友，互赠节日礼物与美食。正是在这种年复一年的民俗活动中，人们不断地践行着人与人之间的伦理关系，不断地强化着人与人之间的伦理传统。

拜年习俗的产生与流传便很好地说明了这一点。除了年末守岁，在年节期间走亲访友拜大年也一直是年俗之中最为重要的一环。人们通过拜年这种特殊的节日习俗和情感沟通手段，向各自的亲朋好友送去美好祝愿，以此联络彼此间的感情，增进宗族、家庭以及社区邻里之间的和睦与团结。拜年习俗由汉代正日新年拜贺的习俗发展而来，流传至今，不仅包括亲人之间、朋友之间、晚辈与长辈之间以及平辈之间的一对一拜年，还发展出了像宗族之间、同事之间、机构之间以及社团之间的大规模多人对多

人的团拜①，此外还有国家行政机关专门举行的贺正②、元会③等其他形式
的拜年方式。不光拜年的方式多种多样，各个地方拜年的时间长短也不尽
相同。通常情况下，拜年活动从正月初一一早开始，一直要持续到初七才
算结束，而更有不少地方的拜年习俗甚至要一直进行到正月十五方才能算
是结束。此外，还有不少地方有"拜迟年④""拜留年⑤"等说法。由此可
见，拜年在中国人心目当中占有重要的地位，表明了在特定的节日里，人
与人之间进行沟通与交流的重要性和必要性，充分体现了中华传统文化中

---

① 拜年习俗。指集体拜贺新年。此俗旧已有之，多见于官僚、同学、同行等。现在团
拜之俗仍盛行。一般是春节过后，机关单位聚会，会上大家互相道贺。也有集结数
人后出去拜年者。乔继堂，朱瑞平，任明．中国岁时节令辞典［M］．修订版．北
京：中国社会科学出版社，1998：101.

② 古代大臣元日上朝拜贺新春的仪式。贺正始自汉代。据《汉书》记载，汉高祖刘邦
于十月定秦，遂为岁首，正月群臣上朝，拜贺新正，称贺正。到东汉时，皇帝在元
旦幸德阳殿，受群臣朝贺，并大宴群臣，赐观各种伎乐。另据《后汉书·礼仪志》
载，当时每月朔及岁首都要"为大朝受贺"，而尤重每年正月朔的朝贺，称"正
朝"。后代也每年必于元日举行贺正仪式，虽礼仪小有变化，但实质无异；群臣拜
贺皇族，皇帝赐酒宴群臣，同观乐舞百技表演，庆祝新春佳节的到来。乔继堂，朱
瑞平，任明．中国岁时节令辞典［M］．修订版．北京：中国社会科学出版社，
1998：100.

③ 古代元旦群臣相聚贺年的礼俗。也叫"正会"。此俗起源于汉代叔孙通定朝仪。乔
继堂，朱瑞平，任明．中国岁时节令辞典［M］．修订版．北京：中国社会科学出
版社，1998：101.

④ 传统年节习俗。湖北一些地区以正月初九上九前拜年为戚谊亲厚，其后则称"拜迟
年"。清同治湖北《长乐县志》云："拜年者以未出'上九日'为亲厚，过'上九'
则谓'拜迟年'。"但我国大部分地区拜年要延续到正月十五，其后才称拜迟年，且
不出二月二甚至三月三，都算尽礼数。清同治《长阳县志》云："村人拜年有迟至
一二月者，嫁女亦回母家拜年，多半在正月尾、二月初，新嫁者夫妇同来，则必于
正月初旬。谚曰：'有心拜年，不论迟早。'又曰：'青草盖牛蹄，正是拜年时。'"
乔继堂，朱瑞平，任明．中国岁时节令辞典［M］．修订版．北京：中国社会科学
出版社，1998：101.

⑤ 拜年习俗。指在正月十六以后再次互相拜年。此举有留年之意，故称。清道光《显州
厅志》云："元旦……戚友相过贺，谓之'庆节'（俗名'拜年'）……十六日以后，
有重相拜者，谓之'拜留年'。至必饮食款客，尽欢而罢。"乔继堂，朱瑞平，任明．
中国岁时节令辞典［M］．修订版．北京：中国社会科学出版社，1998：101.

重人伦的哲学观念。

此外，如本书之前所提及的七夕节所倡导的爱情观与婚姻观，过年吃团圆饭要给祖宗留碗筷和位置，清明节不远万里还乡祭祀祖先，端午节流传众多先贤的传说故事等，也均从不同的方面反映出了我国传统节日对于人伦情感的一贯重视。而在 1989 年，为了响应联合国教科文组织的号召，我国政府将农历九月初九重阳节确定为"中华敬老节"，进一步突显了我国传统节日中重视人伦情感的特质与传统。秦彪（2012）[5]对我国传统节日重视人伦情感的特质给予了概括性的总结，"中国传统文化重视人情伦理，重视家庭，传统节日生活中的人伦传统是其中的核心传统。……伦理文化渗透于中国传统文化之中，而传统节日自始至终充满着这种伦理情怀"。

三、思集体

此外，我国传统文化中思集体的哲学理念同样在我国传统节日之中占有很重要的位置。中国儒家思想对于人伦、秩序、等级等观念的强调使中国人的集体意识和集体主义观念由来已久。如李欣（2008）[245]所说，"中国传统文化尊重人，但不注重个体的价值和个体的自由发展，而是将个体融入群体之中，强调宗法集体，以群体、大局为重"。而荷兰学者、文化比较研究的创始人吉尔特·霍夫斯泰德（Geert Hofstede）在对世界上 60 多个国家和地区的"文化维度"进行量化测量研究时，其文化维度中的个人主义/集体主义（Individualism/collectivism）指数也从另一侧面揭示了中国传统文化中人们对于集体主义的强调与重视要远远高于其对个人主义观念的关注。研究结果显示，美国、澳大利亚、英国以及荷兰等国的这一指数均在 80 以上，而中国仅有 20。这表明了，西方文化倾向于追求个人的自我满足，而我国传统文化倾向于以集体利益为导向，在大多数情况下甚至能够为实现集体的利益而毫不犹豫地牺牲个人利益。

这一文化传统和特质使中国人在过节时更加强调和注重节日中以家庭为主要活动单位的集体式参与，个人享受与需求的满足要通过与亲朋好友间的交流和互动来实现，而节日里独自获得物质及精神上的享受与慰藉则普遍被认为是令人遗憾的无奈之举。正因如此，我们才会在节日里使用"阖家团圆""阖家欢乐""齐乐融融""齐聚一堂"以及"天伦之乐"等词语表达过节时的美满与幸福。王维著名诗篇《九月九日忆山东兄弟》中的"每逢佳节倍思亲""遍插茱萸少一人"，以及白居易的《客中守岁》中"守岁尊无酒，思乡泪满巾。始知为客苦，不及在家贫"等语句便是最好的体现。时至今日，每逢春节时分，在外者不远万里也要纷纷归家的文化传统很大程度上也与我国传统节日中思集体的特性密切相关，从而造就了让世人惊叹的庞大人口流动群，催生了独具中国特色的"春运文化"奇景。据介绍，2015 年春运达到了史无前例的 28 亿人次，被世人称之为真正意义上的"地球大迁徙"。此外，还有其他不少学者针对我国传统节日中所具有的集体主义哲学内涵分别从不同角度出发进行了细致的考证。（房泽庆，2012；褚艳蕊，2013）

第四节　我国传统节日有效传播的现代转型

我国传统节日自身所拥有的独特社会功能和巨大文化价值已然无须多言，然而在现代社会中，在西方传统节日强势入侵的情形之下，如何保护民族传统文化，如何将我国传统节日的价值和功能最大化，如何进行有效传播，则是值得我们思考与研究的问题。并且，根据北京民俗博物馆所做的一系列调查研究来看，形势并不乐观。我国传统节日的传播与传承刻不容缓。

北京民俗博物馆曾经对包括大、中、小学生在内的在校生做过一个调查，结果令人难以置信。报告显示，对于我国主要几大传统节日，大学生群体除了对春节、元宵节、清明节、中秋节比较熟悉外，对七夕节、腊八节了解甚少，而对圣诞节、情人节等西方传统节日的熟悉程度与认知程度却很高。研究人员在对 270 名初二、初三和高二年级学段的学生进行问卷调查后发现，绝大多数学生说不清楚我国五大传统节日有什么，占总调查人数的 72.6%；绝大部分学生虽然知道端午节要包粽子、吃粽子，但是其中只有 14 个人知道端午节还与屈原有关，仅占总调查人数的 5.19%；而对于中秋节，只有 24 个人表示对其中思念远方亲人、重在家庭团圆的传统内涵有所了解，仅占总调查人数的 8.89% （李彩萍，2008）[47]。

对此，笔者认为，要扭转当前我国传统节日在现代社会中式微的状况，既不能因循守旧，也不能舍本逐末，需要对目前我国传统节日在传播过程中传播主体、传播渠道、传播内容等方面做出相应的调整与改进，从而使我国传统节日更加符合当今时代的发展规律与发展要求，进而从真正意义上满足当下民众在过节时对于物质文化与精神文化的需求。

一、节日传播主体的多元化

目前，我国传统节日在传播过程中大多是由政府牵头，并按照行政方式进行运作，很少有企业或者专业机构承办。具体来说，就是在活动举办过程中，政府角色过重，政治意味过于浓厚，市场化资源受到了极大的限制与制约，从而进一步导致了活动资金筹措的单一化。例如，我国传统节日活动的举办主要依靠每年政府部门的财政拨款，对于活动期间的广告资源、活动冠名权、品牌营销等与市场资本运营相关的内容的重视度极为不足，严重影响和损耗了我国传统节日在市场经济体制下的活力与竞争力。相反，北美和欧洲在内的一些国家，大部分的节庆活动被非营利性组织所拥有。例如，在法国，传统节日文化活动的举行与传播工作绝大多数是通过委托民间组织承办的方式来实现的。

当然，在节日活动发展初期，面对激烈的市场竞争，政府的支持与支撑无疑是其存活的根本。然而，在节日活动能够连续举办一定届数，发展到一定程度和规模时，则应逐渐采用"政府引导、市场运作、社会参与"的市场化运作模式，即政府逐步淡化其主体地位，转向发挥政策引导和行业管理的职能，通过聘请专业节庆公司或成立独立的节日组委会的方式负责整个活动的运营，并采用企业赞助、广告销售、门票、纪念品售卖等方式筹集活动所需经费，逐步实现"以节养节、以节强节"的目标，充分调动和发挥企业和市场在其中的主体地位及重要功效。

其次，还应积极学习西方先进的运作理念和管理思路。国外在举办此类节日文化活动时，能够灵活合理地将各种赞助商的名称及标识贯穿于节日活动之中，使赞助商的形象与活动内容有机结合，帮助赞助商实现预期的经济效益或社会效益。这样一来，赞助商也更加愿意将自身的资金、商品以及服务投入到活动之中，使举办方与赞助商之间形成良性互动。此外，节日活动一般来说还会涉及众多的利益主体①，如何协调各利益主体间的关系是一个活动是否能够顺利举办的关键性因素之一。相比于国内，国外节日文化活动的举办方更加注重协调与权衡相关利益者之间的关系。

---

① 包括地方政府、当地居民、节庆活动组织者、赞助商、酒店、餐厅、旅行社、俱乐部、表演团体、票务机构以及志愿者组织等，一次成功的节庆必须综合考虑和平衡不同利益主体的需求。王春雷，赵中华. 2009 中国节庆产业发展年度报告 [R]. 天津：天津大学出版社，2010：51.

二、节日传播渠道的多样化

同样，传播渠道的综合使用也是当下节日活动成功举办的关键性要素之一。在大众传播以及网络传播盛行的时代，传播手段日益丰富多元，信息传播速度呈指数函数增长。积极利用各种传播媒介和传播手段，充分使用各种传播渠道，已经成为节日活动获得美誉度与知名度的重要途径。因此，在未来开展节日活动时，主办方应竭尽全力丰富传播渠道，充分重视和强调传播活动在节前、节中以及节后的地位与作用。

具体来说，首先，在节日活动举办的前期或筹备过程中，应注重与当地报纸、电视、广播等传统媒体间的合作与交流，同时通过网络平台积极开展宣传工作，通过设立专属官方网站、微博、微信、博客，制作官方宣传片等众多手段，对活动的筹备工作以及活动主题、特色内容等方面进行大力宣传和重点报道，吸引广大民众的注意力，制造舆论声势。在这里，地方性节日活动可以参考中国盱眙国际龙虾节①的成功案例。中国盱眙国际龙虾节与扬子晚报达成战略合作意向，通过扬子晚报对龙虾节的连续关注与持续报道，使得龙虾节的影响力不断扩大，最终从一个地方性的节日活动升级成为享誉世界的国际性节日活动。

其次，在节日活动的进行过程中，主办方应进一步通过传统媒体渠道和网络传播平台对活动的内容进行系列跟踪报道。同时，不仅对异彩纷呈

① 2001年起由盱眙县人民政府、扬子晚报社联合举办，节庆规模由小到大，从造势到聚财再到文化品牌的塑造，成为中国节庆活动的一个典范。经国际节庆协会（IF-EA）正式同意，从第八届开始，中国盱眙龙虾节升格为"中国盱眙国际龙虾节"，盱眙龙虾节经历了盱眙龙虾节→中国龙虾节→中国盱眙国际龙虾节三个阶段的飞速发展。王春雷，赵中华．2009中国节庆产业发展年度报告［R］．天津：天津大学出版社，2010：134－135.

的节日活动进行大力的宣传与推广，更要对负面信息进行及时的澄清与解释，始终保持与节日参与者进行互动。而对于已经具有一定品牌效应、知名度较高、规模较大的节日活动，主办方还应积极邀请全国范围内的知名媒体，乃至世界其他国家的媒体记者和新闻机构对其活动盛况进行报道宣传，提高其国际知名度和影响力。例如，爱丁堡国际艺术节①早在 2003 年时，就已经有来自 36 个国家的 450 名记者对其活动盛况进行全方位的宣传与报道。

最后，每当节日活动结束后，主办方还应通过各种媒介平台和传播渠道对整个活动的总体情况进行全面、客观的归纳与总结，详细地向广大民众汇报此次活动所带来的社会效益、经济效益以及文化效益，并认真分析节日活动过程中所反映出的问题以及民众的反馈与投诉，从真正意义上做到信息的公开与透明。同时，还可以与民众就下一届节日活动的相关内容展开积极的交流与互动。

三、节日传播内容的二元化

中国人传统的逻辑思维和行为习惯使得传统节日活动在现代社会的开展过程中，出现了两种极端对立的模式。其中，有不少人一直存在着一种固有的、僵化的思维惯式，认为传统与现代、精神与物质等概念始终是二

---

① 始创于 1947 年，一般在每年的 8 月中旬举办，连续三周，是目前全世界历史最悠久、规模最大的综合性艺术节之一。世界各国艺术家会聚在此，展示各国的优秀文化艺术，包括歌剧、音乐、芭蕾、舞蹈、戏剧。爱丁堡国际艺术节主要由七大部分组成：爱丁堡军乐节（Edinburgh Military Tattoo）、爱丁堡国际艺术节（Edinburgh International Festival）、爱丁堡边缘艺术节（Edinburgh Festival Fringe）、爱丁堡国际图书节（Edinburgh International Book Festival）、爱丁堡国际爵士与蓝调艺术节（Edinburgh International Jazz & Blue Festival）、爱丁堡国际电影节（Edinburgh International Film Festival）和爱丁堡米拉嘉年华（Edinburgh Mela）。王春雷，赵中华. 2009 中国节庆产业发展年度报告［R］. 天津：天津大学出版社，2010：68.

元对立、相互冲突的，认为传统节日文化的发展必然讲求其内在的精神特质，不能也不应与当前现代化、商业化的意识形态相结合。因此，在节日文化活动的展开过程中，一种极端的模式便是活动举办方采用传统的思维模式和发展理念，过度关注传统节日本身所具有的精神属性，主推传统节日文化的精神内涵与文化特质，只注重对整个活动在思想品德与道德情操方面的宣传。这显然与目前社会大环境主导下的消费主义意识形态相冲突，不符合当今社会的发展趋势，节日活动的开展也因此往往呈现出亏损状态，能否举办完全依附于政府的财政拨款。

而另外一种模式则恰恰相反，活动举办方从物质享乐和刺激消费的层面着手，从追求经济效益和盈利能力的角度出发，致使节日活动在主题策划、内容设计等方面仅仅围绕物质消费展开，传统节日文化中所蕴含的优秀精神属性被极度地边缘化，甚至被摒弃，物质消费成为整个活动的主要内容（有时甚至是唯一内容）和最终目的，出现了众多"文化搭台，经济唱戏"的丑陋现象。并且，在对节日活动的整体效果进行总结和评估时，经济指标和数据往往成为唯一的衡量标准，完全忽略了节日活动还应具有的文化效益与社会效益。

实际上，目前来看，这两种发展模式均严重阻碍了我国传统节日在现代社会中的传承与发展，均不能很好地满足现代民众的消费需要以及心理需求。因此，在未来开展节日活动时，需要活动举办者开拓思路、大胆创新，将物质与精神、传统与现代相互融合、相互助推，使传统节日传播的内容二元化，使传统节日所具有的价值最大化，为进一步丰富我国民众的物质文化生活做出应有的贡献。

第五节　小结

综上所述，本章以我国传统节日为研究对象，针对我国传统节日的缘起、基本特征、哲学内涵及现代转型等问题进行了论述。其中，我国传统节日的形成离不开以下三个方面的原因：第一，早期民众对于自然环境具有极强的依赖性，自然科学知识的匮乏使他们寄希望于通过各种祭祀仪式来阻止自然灾害的降临，而祭祀仪式在民众心中所具有的特殊意义为传统节日的形成提供了基础；第二，我国所处的地理位置及自然环境的特点决定了农业生产占主导地位的社会性质，民众经过长期的农耕实践，逐渐掌握了自然时序的客观运行规律，并以此为据，不断地调整着自己的作息规律，从而形成了早期节日的时间框架；第三，在儒家思想的长期熏陶下，民众对于家庭、宗族、社会及国家有着极强的道德责任感，需要在日常生活当中设立专门的时间节点用以祭祀祖先，敬拜长者，强化血缘亲缘关系以及寻求文化归属感。

在外在表现方面，我国传统节日的基本特征主要体现在以下三个方面：第一，悠久的节日历史使得我国每个传统节日都拥有丰富的礼仪风俗；第二，地域辽阔、民族众多使得我国每个传统节日都拥有生动的传说故事，有些节日甚至拥有多个传说故事或一个传说拥有多个版本；第三，民众实用主义及功利主义的节日观使得我国每个传统节日都寄托了人们的各种愿望与诉求。

在深层内涵方面，我国传统节日集中体现了我国众多至关重要的哲学思想与价值理念。其中，受自然观的影响，我国传统节日在时间设置上，充分体现出传统文化中顺天时的哲学思想；受家庭观的影响，我国传统节日在内容构成上，充分体现出传统文化中重人伦的哲学思想；受社会观的影响，我国传统节日在表现形式上，充分体现出传统文化中思集体的哲学思想。

而面对我国传统节日在现代社会日渐式微的态势，笔者针对节日活动的开展提出传播主体多元化、传播渠道多样化、传播内容二元化等发展策略。

第四章

我国传统节日文化对外传播的资源利用与效果呈现

在上一章，笔者针对我国传统节日的缘起成因、基本特征、哲学属性以及当代转型等问题进行了深入细致的解析，明确了我国传统节日对外传播的核心内容。在本章中，笔者将对我国传统节日对外传播的现状进行分析与梳理，其中主要包括目前我国传统节日在对外传播过程中所面临的国内形势与国际局势，我国政府及官方媒体在我国传统节日对外传播方面的进展情况。本章的主要目的在于，对当前我国传统节日对外传播所取得的成果进行更为全面、客观、清晰与深刻的认识，为进一步提出切实有效的对外传播目标及传播策略提供坚实可靠的依据。

第一节　环境资源

一、国人文化自觉与文化复兴意识逐步增强

目前，中国已然成为世界上的政治及经济大国，在国际社会中占有越来越重要的位置，但在国际话语权、建立国际秩序等方面依然处于相对弱势的地位。通过一系列的国际事件可以明显地看出，我国还很难成为国际

事务中的主导者以及国际社会规则的制定者。根据美国哈佛大学教授、国际政治学家小约瑟夫·奈（Joseph S. Nye, Jr.）的理论，一个国家的综合国力既包括"硬实力（Hard Power）"，同时也包括"软实力（Soft Power）"，想要成为世界强国并在国际社会中占主导性地位，两种实力相辅相成，缺一不可。

因此，近些年来，为了能够进一步提升综合国力，能够进一步地参与到各类国际事务之中，发出自己的声音，表达自己的观点，我国在不断巩固硬实力的同时，更加注重提高自身软实力的建设。而软实力的提高与发展不可避免地要涉及国家文化实力的增强。北京大学程曼丽（2011）[58]教授曾指出，"只有当自己的文化与价值观念在国际社会广为流行并得到普遍认同的时候，软实力才算是真正提升了"。同样地，在2013年12月12日，小约瑟夫·奈接受《环球人物》杂志记者采访时也明确地指出，文化是中国最大的软实力。在这种情况下，不论是官方层面，还是民间社会，对中华传统文化自觉的醒悟以及对中华传统文化复兴的渴望日趋明显。

实际上，早在20世纪90年代起，国人对于文化自觉和文化复兴的呼声就已逐渐显现。在改革开放之后的几十年里，中国社会主义市场经济取得了长足的进步，人们的生活水平获得了极大的提升。相应地，西方自由主义及享乐主义思潮也随着国门的打开而开始在我国传播，物质资源的日渐丰富从侧面凸显了民众在精神层面的相对匮乏与缺失。同时，1991年末苏联解体冷战结束，使得各国对于文化建设和文化安全的重要性有了更高的认识和觉悟。因此，从20世纪90年代开始，有关传统文化复兴的呼声得到了官方的肯定、民众的参与以及学界的关注。美国当代著名国际政治理论家、哈佛大学教授塞缪尔·亨廷顿（Samuel P. Huntington）在研究非西方社会对西方和现代化如何进行回应的问题时，对产生这种现象的具体原因做出了详细的解释，他认为，"原先，西方化和现代化密切相连，非西方社会吸收了西方文化相当多的因素，并在走向现代化中取得了缓慢的进展。然而，当现代化进度加快时，西方化的比率下降了，本土文化获得了复兴……现代化提高了社会的总体经济、军事和政治实力，鼓励这个社会的人民具有对自己文化的信心，从而成为文化的伸张者"（塞缪尔·亨廷顿，2009)[54-55]。程曼丽的看法也与亨廷顿教授的一致，她指出"国门开启之初，都是以向西方学习为主，外在表现方面也大都追随西方；本国经济腾飞以后，又开始回归民族传统，从传统文化中寻找国家进一步发展的动力和支撑点"（程曼丽 等，2011)[42]。亨廷顿教授的理论及程曼丽教授的说法均合理地解释了 20 世纪末至 21 世纪初中国国家实力的具体现状以及社会民众的普遍心理。

因此，这种持续、稳固的"文化热"现象和不可阻挡的传统文化复兴呼声无疑对我国传统节日对外传播提供了直接的帮助与支持。在日常生活中，民众对于我国传统节日的认知也确实如此。中国人节日观调查报告①显示，有 90.9% 的居民表示喜欢过春节，98.6% 的人认为传统节日是中华民族历史文化的一部分，96.1% 的人认为传统节日是弘扬中华文化的重要载体，还有 93.3% 的民众认为在现代社会有必要大力提高对传统节日的关注度。

二、非物质文化遗产保护机制逐渐完善

2003 年 9 月 29 日，联合国教科文组织第 32 届大会通过了《保护非物质文化遗产公约》（Convention for the Safeguarding of Intangible Cultural Her-

---

① 此项调查是人民网强国论坛《态度》栏目联合国内专业民意调查机构北京美兰德信息公司在全国范围内就"中国人节日观"的现状、变化、成因及对与节日有关的政策建议等主题开展线上同步进行的民意调查，调查周期为 2013 年 3 月 6 日至 21 日。

itage 2003），标志着非物质文化遗产所具有的宝贵价值和重要意义被全世界人民所关注和认可。《保护非物质文化遗产公约》在对非物质文化遗产所包含的具体内容进行列举时，明确地将节庆包括在其中。这也意味着，我国对非物质文化遗产保护工作所采取的态度和策略无疑会对我国传统节日的传播和发展产生巨大的推进作用。

现实中，在非物质文化遗产保护领域，我国相较于日本、韩国等国家起步较晚，不论是在保护的思想观念上，还是在工作的方式方法上，均明显地落后于其他先进国家。但近些年来，随着政府对非遗保护工作的高度重视和民众对非遗保护的逐步认识，我国非物质文化遗产保护工作进入了一个较为快速和繁荣的发展期，几乎每年都有与非遗保护相关的政策出台或活动展开。如 2004 年 8 月 28 日，我国第十届全国人民代表大会常务委员会第十一次会议批准中国加入联合国教科文组织《保护非物质文化遗产公约》；2005 年 3 月 26 日，国务院办公厅印发《关于加强我国非物质文化遗产保护工作的意见》；2006 年 10 月 25 日，文化部部务会议审议通过《国家级非物质文化遗产保护与管理暂行办法》；2007 年 10 月 15 日，胡锦涛在中国共产党第十七次全国代表大会上的报告中提出要"加强对各民族文化的挖掘和保护，重视文物和非物质文化遗产保护"；2008 年 5 月 14 日，文化部部务会议审议通过《国家级非物质文化遗产项目代表性传承人认定与管理暂行办法》；2009 年 11 月 26 日，历时 4 年的中国首次非物质文化遗产普查基本完成；2010 年 10 月 15 日至 18 日，山东省济南市举办了首届中国非物质文化遗产博览会；2011 年 2 月 25 日，中华人民共和国第十一届全国人民代表大会常务委员会第十九次会议审议通过《中华人民共和国非物质文化遗产法》；2012 年 2 月 22 日，联合国教科文组织亚太地区非物质文化遗产国际培训中心在北京成立；2014 年 5 月 4 日，国家发展改革委、文化部联合编制了《国家非物质文化遗产保护利用设施建设实施方案》；2015 年 7 月 11 日，国务院办公厅印发《关于支持戏曲传承发展的若干政策》；2017 年 1 月 25 日，中共中央办公厅、国务院办公厅印发《关于实施中华优秀传统文化传承发展工程的意见》；2018 年 6 月 27 日，文化和旅游部办公厅印发《关于大力振兴贫困地区传统工艺助力精准扶贫的通知》；2018 年 7 月 11 日，文化和旅游部办公厅、国务院扶贫办综合司印发《关于支持设立非遗扶贫就业工坊的通知》；2019 年 7 月 12 日，文化和旅游部发布《曲艺传承发展计划》；2019 年 11 月 29 日，文化和旅游部发布《国家级非物质文化遗产代表性传承人认定与管理办法》……

此外，我国在非物质文化遗产的申报和审批方面也取得了突破性的进展。首先，就世界级非物质文化遗产的申报来说，自联合国教科文组织从 2001 年起对全世界范围内的非物质文化遗产项目进行评选开始，中国就一直积极地参与其中。截止至 2020 年 12 月，中国列入联合国教科文组织非物质文化遗产名录（名册）项目共计 42 项，其中 7 个项目列入急需保护名录，34 个项目列入代表作名录，1 个项目入选优秀实践名册（具体内容见表 4.1），是目前世界上拥有世界级非物质文化遗产数量最多的国家。其次，就国家级非物质文化遗产的审批来看，我国也取得了十分可喜的成绩。自 2006 年至今，国务院一共进行了五次评选，全国范围内共有 1557 项非物质文化遗产入选（具体内容见图 4.1）。

其中值得注意的是，我国传统节日——端午节于 2009 年被列为世界级非物质文化遗产，春节、清明节、七夕节、中秋节、重阳节等在内的 31 个传统节日（含京族哈节、傣族泼水节、锡伯族西迁节等少数民族传统节日）于 2006 年被列为国家级非物质文化遗产，元宵节在内的 10 个传统节日（含畲族三月三、宾阳炮龙节、苗族独木龙舟节等少数民族传统节日）于 2008 年被列为国家级非物质文化遗产，中元节、中和节等在内的 6 个传统节日（含俄罗斯族巴斯克节、鄂温克族瑟宾节、诺茹孜节等少数民族传统节日）于 2011 年被列为国家级非物质文化遗产，西藏望果节、苗族花山节则于 2014 年被列为国家级非物质文化遗产。截止至 2021 年，我国传统节日中有 1 个被列为世界级非物质文化遗产，48 个被列为国家级非物质文化遗产。这些传统节日的入选无疑提高了其在民众心目中的知名度与美誉度，拓展了其自身的影响力和重要性，为今后进一步开展对外传播活动提供了坚实的保障。

表 4.1　中国列入联合国教科文组织非物质文化遗产名录（名册）项目明细

评选次数	入选时间	入选数量	入选项目
2008 年	昆曲	单独申报	人类非物质文化遗产代表作目录
	古琴艺术	单独申报	人类非物质文化遗产代表作目录
	新疆维吾尔木卡姆艺术	单独申报	人类非物质文化遗产代表作目录
	蒙古族长调民歌	与蒙古国联合申报	人类非物质文化遗产代表作目录
2009 年	中国篆刻	单独申报	人类非物质文化遗产代表作目录
	中国雕版印刷技艺	单独申报	人类非物质文化遗产代表作目录
	中国书法	单独申报	人类非物质文化遗产代表作目录
	中国剪纸	单独申报	人类非物质文化遗产代表作目录
	中国传统木结构建筑营造技艺	单独申报	人类非物质文化遗产代表作目录
	南京云锦织造技艺	单独申报	人类非物质文化遗产代表作目录
	端午节	单独申报	人类非物质文化遗产代表作目录
	中国朝鲜族农乐舞	单独申报	人类非物质文化遗产代表作目录
	妈祖信俗	单独申报	人类非物质文化遗产代表作目录
	蒙古族呼麦歌唱艺术	单独申报	人类非物质文化遗产代表作目录
	南音	单独申报	人类非物质文化遗产代表作目录
	热贡艺术	单独申报	人类非物质文化遗产代表作目录
	中国传统蚕桑丝织技艺	单独申报	人类非物质文化遗产代表作目录
	龙泉青瓷传统烧制技艺	单独申报	人类非物质文化遗产代表作目录
	宣纸传统制作技艺	单独申报	人类非物质文化遗产代表作目录

续表

评选次数	入选时间	入选数量	入选项目
2009 年	西安鼓乐	单独申报	人类非物质文化遗产代表作目录
	粤剧	单独申报	人类非物质文化遗产代表作目录
	花儿	单独申报	人类非物质文化遗产代表作目录
	玛纳斯	单独申报	人类非物质文化遗产代表作目录
	格萨（斯）尔	单独申报	人类非物质文化遗产代表作目录
	侗族大歌	单独申报	人类非物质文化遗产代表作目录
	藏戏	单独申报	人类非物质文化遗产代表作目录
	羌年	单独申报	急需保护的非物质文化遗产名录
	黎族传统纺染织绣技艺	单独申报	急需保护的非物质文化遗产名录
	中国木拱桥传统营造技艺	单独申报	急需保护的非物质文化遗产名录
2010 年	中医针灸	单独申报	人类非物质文化遗产代表作目录
	京剧	单独申报	人类非物质文化遗产代表作目录
	麦西热甫	单独申报	急需保护的非物质文化遗产名录
	中国水密隔舱福船制造技艺	单独申报	急需保护的非物质文化遗产名录
	中国活字印刷术	单独申报	急需保护的非物质文化遗产名录
2011 年	中国皮影戏	单独申报	人类非物质文化遗产代表作目录
	赫哲族伊玛堪	单独申报	急需保护的非物质文化遗产名录
2012 年	福建木偶戏后继人才培养计划	单独申报	优秀实践名册
2013 年	中国珠算——运用算盘进行数学计算的知识与实践	单独申报	人类非物质文化遗产代表作目录
2016 年	二十四节气——中国人通过观察太阳周年运动而形成的时间知识体系及其实践	单独申报	人类非物质文化遗产代表作目录
2018 年	藏医药浴法——中国藏族有关生命健康和疾病防治的知识与实践	单独申报	人类非物质文化遗产代表作目录

续表

评选次数	入选时间	入选数量	入选项目
2020 年	太极拳	单独申报	人类非物质文化遗产代表作目录
	送王船——有关人与海洋可持续联系的仪式及相关实践	与马来西亚联合申报	人类非物质文化遗产代表作目录

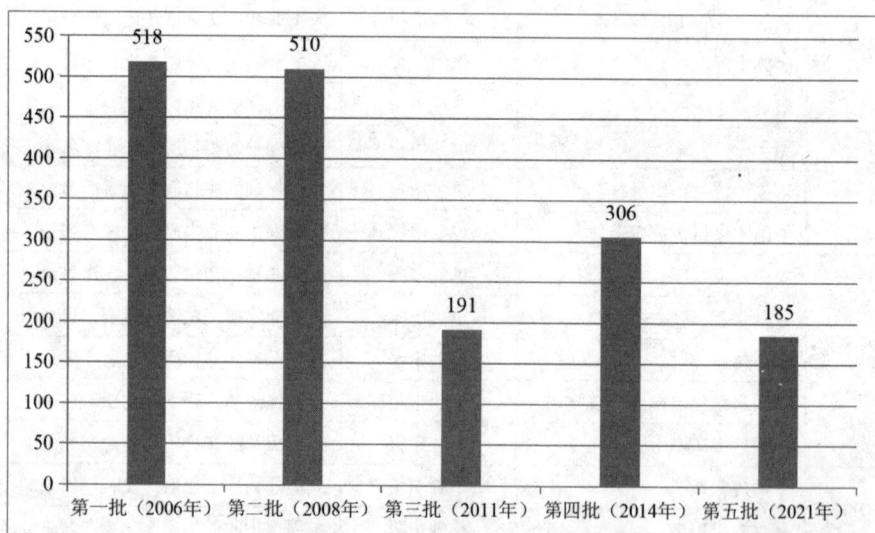

图 4.1 我国国家级非物质文化遗产数量

当然，在看到我国非物质文化遗产保护工作取得可喜成绩的同时，更应理智地认识到与其他先进国家之间的差距。目前来说，我国各级地方政府在进行非物质文化遗产保护时，较为常见的方式和方法是批地兴建文化园及展示馆，通过演艺、展览等形式对非物质文化遗产进行宣传和保护。在这一过程中，开发者大多采用商业发展模式，只注重非遗所具有的经济价值，忽略了对其中文化内涵的挖掘以及社会效益的开发。同时，在非遗保护的组织与管理方面，政府相关部门处于完全主导的地位，在工作中不肯放权，总想做到面面俱到，既当"裁判员"又当"运动员"，结果往往事倍功半，既没有充分发挥出专家和学者的作用，又没有充分调动起非遗持有人及民众的热情，是目前非遗保护工作开展过程中的一大遗憾。而这些问题也不可避免地在我国传统节日的传播与发展过程中有所体现。

三、地方节庆经济发展取得极大进展

通常情况下，拉动内需，发展地方经济，提高人民生活质量是政府部门最为重要的任务和目标之一。近些年来，仅仅依靠发展第一、第二产业来拉动经济刺激消费的方式已然暴露出了明显的缺陷和不足。地方政府为了保持发展速度，将发展重心转向第三产业，试图寻找到一条更为理想的可持续发展道路。经过一段时间的实践和摸索，以节庆活动带动经济发展的模式日臻成熟。目前来看，以节庆活动作为载体和驱动力，可以有效地带动诸如旅游、餐饮、酒店、娱乐、交通、通信、文化以及广告等多个行业的协同发展，不仅能够有效地推进地方文化产业发展，拉动内需，刺激消费，增加就业，同时还能提高城市的知名度、美誉度以及影响力。

实际上，以民俗和节庆为主题进行旅游开发，是当今世界各国都在积极推行和倡导的促进经济增长的最为有效的形式之一。这种"新型"经济发展模式早已被西方多数国家和地区所广泛利用。例如，在美国，创始于1890年的玫瑰花节新年庆典经过100多年的连续举办，从一个地方性活动演变成为世界性盛典，其盛况可与纽约时代广场的跨年庆祝齐名。玫瑰花节的活动内容也随着时间的推移而不断地充实和丰富，在最初的游行、拔河以及橄榄球赛的基础上，逐渐增加了乐队巡游、骑士巡游、玫瑰皇后评选、动物趣味比赛等多项活动，同时还对最初的游行活动以及橄榄球赛进

行了更加专业和成熟的活动设计与策划。经过多年的发展，玫瑰花节吸引了世界各地的游客，为当地带来了巨大的经济效益和社会效益。其节庆活动收入来源主要由电视转播权收益、各大公司赞助、品牌专利使用费以及观赏券（门票）收益四部分构成。在对美国玫瑰花节进行案例分析后，刘莉丽（王春雷 等，2009）[90]对其能够取得成功的原因进行了总结，并指出"成功的节庆活动都是建立在深厚的民族文化或特定的历史背景下的。节庆只有充分体现历史文化，保持鲜明的民族特色，才能取得成功……从美国玫瑰花节的花车巡游、乐队巡游以及骑士巡游等诸项活动内容来看，都带有深厚的美国文化特点，体现出美国人热情奔放的民族性格特征。这也正是美国玫瑰花节具有强大吸引力的深层原因"。此外，诸如巴西里约热内卢狂欢节（始于 1852 年）、英国爱丁堡国际音乐节（始于 1947 年），以及西班牙潘普洛纳奔牛节（也称圣费尔明节，始于 1591 年）等在内的世界知名节庆活动，无一不是通过依靠和挖掘当地深厚的文化资源，形成独特鲜明的风格和特点，并经过长期持续的举办和发展不断提升知名度为世界人民所知，最终产生丰厚的收益，高效地带动了地方经济的发展。

我国传统节日在运用和采纳节庆经济发展模式方面起步较晚，但目前来看发展势头迅猛，并且具有很大的提升潜力和上升空间。例如，南宁国际民歌艺术节（前身是创办于 1993 年的广西国际民歌节）是我国第一个以非物质文化遗产为主题的节庆活动，从 1999 年举办第一届起至今已成功举办 16 届，其不仅仅是民俗文化的传播的节庆活动，同时还是一个集文化、经贸、旅游于一体的大型节庆活动。2004 年该艺术节开始与东盟博览会和东盟商务与投资峰会相结合，产生聚合效应，极大地提升了品牌影响力。以 2009 年艺术节为例，节日期间，南宁市共签约内外资项目 160 个，项目总投资 427. 31 亿元，引进资金 418. 07 亿元。此外，商品购销合同 817 份，合同金额达 151. 9 亿元。南宁市与东盟国家企业签订"走出去"项目 7 个，总投资 1. 23

亿美元（王春雷 等，2009）[137]。此外，诸如北京的地坛文化庙会（于1985年恢复，至今已举办30届）、南京的夫子庙灯会（于1986年恢复，至今已举办29届）等均取得了不俗的经济效益。由此可见，特色节日活动的连续成功举办对于区域经济的发展及推动作用是不可小视的。

总的来说，我国地方节庆经济的蓬勃发展为我国传统节日对外传播创造了极为有利的本土条件。首先，各地方政府通过传统节庆活动的开展和宣传，在吸引外来游客增加收入的同时，有意或无意地、间接或直接地传播了我国优秀传统节日文化，使得越来越多的外国游客也能有机会直接参与到我国各种传统节日之中，感受到热烈愉快的节日气氛。其次，节庆活动一旦举办，无疑提高了我国传统节日的曝光率和影响力，而影响力提高反过来又促使节庆活动能够吸引到民众及媒体更多的关注与报道。例如，湖南省株洲市炎陵县的炎帝陵自1986年修复以来，每年清明、重阳时节均要举行盛大的祭祖活动。时至今日，炎帝陵祭祀盛典已经发展为全世界华人最为重要的节日庆典。每年节日期间，海内外近万名华人代表不远万里赶到炎帝陵进行既盛大又隆重的祭祀活动。2012年3月，"炎帝陵祭祖大典"更是跻身"全球最具影响力的十大根亲文化盛事"。最后，国内节庆活动专业化程度的不断提高、运营理念的不断成熟，以及发展模式的不断完善，无疑将为我国日后在海外进行传统节日的推广和举办提供极为宝贵的经验和思路。

四、多元文化并存

通信技术的变革使信息传播速度越来越快，交通工具的发展使人口流动速度越来越快，全球一体化随之来临，国与国、人与人之间的联系越发密切。学者们对此进行了既形象又生动的描述，如马歇尔·麦克卢汉（Marshall McLuhan）著名的"地球村"，托马斯·弗里德曼（Thomas L.

Friedman）的地球变得越来越"平"、莱斯特·皮尔逊（Lester Pearson）的"拥挤不堪的窄小世界"……当今，世界各地的人们不再孤立地生活在彼此毫不相干的世界里，地理位置给人们带来的限制与隔阂在很大程度上已完全被现代科技的发展所消解和弥补了，此地此刻正在上演的事情很有可能同时被彼地的人们共同关注着。拥有不同文化、宗教、信仰、语言的人们相互间的交流与合作日益广泛和深入，世界不再仅仅属于东方或西方，而冷战的结束更意味着二元意识形态对立的终结。随着非西方社会的发展和进步，西方对于非西方的控制和干预能力明显弱化，之前一直处于"弱势地位"的文化开始了有意识地自我觉醒和自我保护，并随着联合国教科文组织《世界文化多样性宣言》的出台及各个国家政府文化保护政策的实施，共同促成了世界文化多样性格局的最终形成。

与此同时，多元文化并存的趋势还进一步延伸至国际政治及经济领域。按照塞缪尔·亨廷顿（Samuel P. Huntington, 2009）[110]的说法，目前的国际局势可以分析和理解为"冷战的结束并未结束冲突，反而产生了基于文化的新认同以及不同文化集团（在最广的层面上是不同的文明）之间冲突的新模式。与此同时，共同的文化也促进了共有那种文化的国家或集团的合作，这可以从正在出现的国家间区域联盟的模式中看出，特别是在经济领域"。如在东亚地区，华人社会之间基于文化基因的高度相似性，在国际经济的发展和合作过程中逐渐形成了一种"非正式一体化"的趋势。另一个极为明显的例子是，土耳其因自身文化所具有的穆斯林属性在申请被比喻为"基督徒俱乐部"的欧盟时屡屡受挫，而这种文化属性却使其与阿塞拜疆及讲突厥语的中亚国家如乌兹别克斯坦、土库曼斯坦、哈萨克斯坦以及吉尔吉斯斯坦建立了极为良好的政治及经济关系……这些情况表明，对他国文化的理解与认同，对文化共性的追求，是目前国家间合作的基本出发点。正因如此，在这一历史条件下，我国为了能够更加积极地参与到国际事务之中，在国际社会中进一步发挥自身影响力，需要对外传播自身文化，让更多的国家和地区对中华文化有所了解，有所认同，只有在充分了解、充分信任的基础上才能进一步展开双边及多边的对话与合作，这正是我国传统节日对外传播的有利时机。

五、文化安全问题凸显

如前所述，文化认同在国与国交往与合作的进程中显示出了愈发重要的影响力。对此，各个国家为了能够在国际社会中结交更多的伙伴与盟友，获得更多的支持与认同，谋求更多的合作与发展，便更加注重本国文化的对外传播。如今，凭借先进的信息传播技术，文化对外传播的深度、广度以及频度都达到了史无前例的高度，这也导致很多时候由于双方缺乏基本的信任与理解，或发展水平和程度的不同，在一方看来是正常的文化输出活动，很可能给另一方在思想观念上带来不小的冲击和影响，并被视为带有敌意或含有政治目的和意图的文化入侵行为。鲁思·本尼迪克特（Ruth Benidict）在《文化模式》一书中将每个民族的文化比喻成不同的陶杯，外来文化的侵入会对这只"独有的陶杯"产生破坏性效应，使人们的思想及生活受到威胁，文化安全问题即由此产生。因此，从 20 世纪 90 年代起，国家文化的安全问题开始为各国领导人所高度重视，与人口增长、环境污染、全球气候变暖等一系列问题一并成为最受世人关注的全球性议题。

"'文化安全'指的是民族国家对自身文化遗产、行为方式、价值观免于他者文化侵蚀，因为拥有自身文化身份和文化特征而获得的一种'安全感'。全球化时代，弱势文化正面临着强势文化的冲击，使得弱势文化的主流价值体系和民族文化认同逐渐失去其自由的特征。"（吴瑛，2009）[21]正如笔者在绪论中所言，当前，以美国为首的西方发达国家凭借其在信息传播及传媒领域中的强大优势，在向其他国家进行文化输出时，经常有意识地推行西方的意识形态和价值观，使得他国民族文化受到巨大的冲击和影响，有时甚至会产生严重的文化认同危机，导致他国社会的动荡与混乱，极大地危害到了他国的文化安全。实际上，早在1992年，联合国开发计划署（UNDP）就已经注意到文化安全问题的重要性及其给人类生活所带来的影响，因此，在当年的《人类发展报告》中明确规定，文化安全是人类社会应该享有的最为基本的权利之一。

　　然而，目前来看，文化对外传播不可避免地会带来不同文化间的交流与碰撞，价值观、意识形态等要素作为文化中不可分割的部分在对外传播时也必然会被他国民众所注意和接触。在全球一体化趋势不可逆的今天，国际文化交流活动日益频繁，科技发展日新月异，新型信息传播媒介层出不穷，传播主体及传播方式日益多元，任何一个国家都不可能再依靠闭关锁国或对信息"把关"来限制和管控他国文化在本国的流动与传播。因此，对于文化传播过程中可能产生的安全问题，目前大多数国家均采取了更为积极和主动的办法进行应对：对内深入挖掘优秀文化传统，对外大力弘扬优秀民族文化。在这种情况下，我国也相应地提出并制定了文化"走出去"国家发展战略。而传统节日作为我国优秀传统文化及民族文化的载体，在对外传播的过程中无疑也将获得政府更多的支持与鼓励，取得更进一步的发展。例如，从2001年起，我国文化部就提出"把春节建成宣传中国和传播中国文化的新载体"；而从2004年起，文化部又与国务院侨务办公室展开合作，在伦敦、曼谷、巴黎、纽约、悉尼等世界知名城市集中投入大量人力、物力、财力，在春节期间向外国友人传播中华文化，打造节日品牌。

六、东西方文化认同与互补

　　多元文化并存以及文化安全问题的凸显，是当前世界格局及秩序重建过程中所表现出的两个极为重要的趋势和特点，而这恰恰也从另一个侧面反映了各民族、各主权国家的自我意识与文化自尊在国与国之间频繁的交往与互动中不断地被反复提及和强化。在合作重于对抗的全球化时代，不同文化如何避免相互间的冲突与对抗，找到一条和平共处、互利共赢的发展道路，是未来一段时间内各个国家所要面临和解决的主要问题之一。从经过一段时间的发展来看，目前东西方文化的认同与互补，是摆脱和避免当前国际社会所存在的众多危机和冲突的有效办法，是推动地区和平与世界发展的必由之路。正如程曼丽（等，2011）[59]所说，"对于民族国家来说，文化既是独特的，也具有普世价值。如果一个国家的文化能够对其他国家产生吸引力，得到普遍认同，甚至被吸纳或融合到其他国家的文化中去，这个国家与他国之间就会少几分敌意，多几分理解"。因此，东西方文化间的相互认同与互补必将成为当今国际社会发展进程中的主流。

首先，全球经济一体化推动了东西方文化间的相互认同。为了追求更快的经济发展速度，自由贸易区①、关税同盟②、共同市场③以及经济联盟④等不同种类的国际经济合作方式不断涌现，并被广泛地应用于实际，

---

① 自由贸易区，也称自由贸易园区（Free Trade Zone），指在贸易和投资等方面比世贸组织有关规定更加优惠的贸易安排，在主权国家或地区的关境以外，划出特定的区域，准许外国商品豁免关税自由进出。

② 关税同盟（Customs union），指两个或两个以上国家缔结协定，建立统一的关境，在统一关境内缔约国相互间减让或取消关税，对从关境以外的国家或地区的商品进口则实行共同的关税税率和外贸政策。关税同盟从欧洲开始，是经济一体化的组织形式之一。对内实行减免关税和贸易限制，商品自由流动；对外实行统一的关税和对外贸易政策。

③ 共同市场（Common market，或称 Single market），指两个或两个以上的国家之间通过达成某种协议，不仅要实现共同市场的目标，还要在共同市场的基础上，实现成员国经济政策的协调。

④ 经济联盟（Economic union），指参加国除了达到关税同盟的要求外，还要制定某些共同的经济政策，在货币金融方面进行协调，实现同盟内各种商品和生产要素自由流动，建立起一些超国家的经济调节机构的组织。

如拥有共同市场及经济联盟的欧洲联盟、南方共同市场、中美洲共同市场以及东南亚国家联盟的自由贸易区等。然而，不论哪种合作方式，其实现的基础和前提是成员国之间的相互信任，而这种信任主要来自合作双方或多方对于相互文化的充分理解与认同。冷战期间，两大阵营因意识形态与文化理念的不同而彼此对抗，双方成员国之间也曾因此中断经贸往来，相互隔绝，相互制约。然而，随着冷战的结束，意识形态对垒已成历史，和平与发展成为当今时代的主题，迫于经济发展的需要，持有东西方不同文化理念和意识形态的各个国家开始进行频繁的接触与合作，积极地投身于全球金融及贸易体系中。在这种商贸往来过程中，文化随着经济一起彼此交融。此外，随着国际市场体系的建立与完善，各大跨国公司为了抢夺市场资源，追求利润最大化，均根据自身发展需要不断地扩大生产，几乎在世界上的各个角落都开设了分公司及工厂，而跨国贸易也使其生意伙伴和合作对象不再局限于同一文化圈层内或范围有限的地域空间里。同时，随着社会分工的不断细化、生产效率的不断提高，位于不同国家和地区的部门经常需要进行频繁、密切的配合，其中以沃尔玛、戴尔等国际巨头为首的跨国公司所拥有的仓储管理及物流配送系统均以高效和精确而闻名于世。在这些大公司里，拥有不同肤色、不同种族、不同信仰和不同文化的员工为了更好地服务于同一目标或同一项任务而往来合作，这也同样推动了东西方文化相互间的认同。

此外，当前国际社会中所面临的一系列冲突和危机也为东西方文化的互补提供了契机。毫无疑问，东西方文化经过上千年的历练与洗礼，各自均拥有对方无法比拟的独特魅力和优势，但同时也不可避免地存在着些许的不足与缺憾，而当前国际社会所面临的种种文化危机已经充分地证实了这一点。核武器扩散、环境污染、气候变暖、种族歧视、妇女权益、金融危机、能源危机、领土争端、地区冲突等众多国际议题中的任何一个，都无法仅凭世界上任何一个国家的力量就能得以圆满地解决，因此为了妥善处理众多复杂的国际性事务，国际社会需要孕育和建立新的行为准则和道德规范，需要各国之间进行更好的合作与沟通，需要不同文化在多个领域达成更多的理解和共识。而从目前实际发展情况来看，也正是如此。温朝霞（1999）[83]撰文指出，"就宏观关系领域而言，世界各国对这类新的行为准则和道德规范有着越来越多的共识，比如，人们都承认：种族、宗教、语言、性别的差异不应当成为遭受歧视的理由……政府应当大力保护生态环境，它既是对子孙后代负责的表现，也是对相互依存的世界负责的表现……"，而想要实现这些，只有充分运用东西方文化中的优势资源，合二为一才有可能达到最佳的效果。例如，东方文化中所追求和倡导的人与自然、人与人之间的"天人合一""和合精神"，以及从大局出发"重集体，轻个人"的思想理念，对于处理和解决当前国际社会中的地区冲突、环境污染、种族歧视及妇女权益等问题极具启发性，无疑能够有效地弥补西方工业文明所引发的社会达尔文主义①以及崇尚武力和斗争所带来的弊端；而西方文化中所具有的创新精神以及冒险精神，在解决金融危机、能源危机等问题上，则很好地填补了东方文化中僵化、保守所带来的缺憾。

经过多年的交流与合作，东西方文化已经充分认识到自身不足，并意识到对方所具有的优势，相信在未来处理国际性事务时，双方将会进一步深化彼此的认同与互补。在这种条件下，我国传统节日作为东方文化的重要载体，其中所蕴含的顺天时、重人伦、思集体等价值理念和哲学思想在

---

① 社会达尔文主义（Social Darwinism），19世纪社会文化进化理论，因和达尔文生物学理论有关系而有此名。社会达尔文主义者认为社会也像个体一样，应被看作是以这样的方式进化的有机体，穷人是生存竞争中的"不适者"，不应予以帮助；在生存竞争中，财富是成功的标志。在对待社会的问题上，社会达尔文主义成为帝国主义和种族主义政策的哲学基础，支持盎格鲁－撒克逊人或雅利安人在文化上和生理上优越的说法。

对外传播时将更加易于获得他国民众的认可与重视。

第二节　政府资源

春节是中华民族最为重要的传统节日，其中所蕴含的"天人合一""万象更新""和合精神"等重要思想充分代表了我国传统文化中最为核心的价值理念。由此，春节也就成为我国对外传播中华优秀传统文化最为重要的载体之一。近些年来，随着我国海外影响力的日益增强以及全球海外华人数量的不断增长，已有越来越多的国家和地区根据自身发展需要把拥有巨大文化感染力和亲和力的春节作为本国节日进行欢庆。例如，亚洲地区的越南、朝鲜、韩国、马来西亚、新加坡、文莱、菲律宾、印度尼西亚，非洲地区的毛里求斯，以及南美洲的苏里南、北美洲的加拿大及美国的纽约州、马里兰州都已将春节作为其法定假日。截至2020年2月，世界范围内已有18个国家将春节确定为本国的法定节日。如今，海外的年味一年更比一年浓，外国人早已从早先对异域风情的好奇与尝试转变为对过春节的期盼与渴望。

与此同时，我国文化部自2001年起，就已开始尝试有意识、有目的地对外传播春节文化。每年春节期间，文化部都要派遣国内优秀文艺团组参与伦敦、巴黎、纽约、曼谷和悉尼等地的新春庆祝活动，持续至今已有近20年的时间，其间积累了大量文化对外传播的宝贵经验。因此，经过多年探索，在时机、条件均已成熟的情况下，"欢乐春节"活动于2010年诞生，是目前我国政府重点打造的传统文化对外传播品牌活动，代表了当前我国传统节日对外传播的最高水准，充分地反映了我国传统节日对外传播的具体现状，在此笔者将其作为个案进行了细致地的研究与分析。

一、国家级节日文化对外交流项目——"欢乐春节"

为了与身处世界各地的国人共度农历春节，与全球华人华侨共享中华文化，自 2010 年春节开始，我国正式对外推出大型文化交流活动——"欢乐春节"。"欢乐春节"是由时任国务委员刘延东同志亲自命名，文化部主办，并协同外交部、教育部、国务院侨务办公室在内的 10 多个国家相关部委、多个国家级文化艺术团体、多个省区市文化部门以及我国世界各地的驻外使领馆、中国文化中心及孔子学院在内的众多相关机构共同参与的国家级对外文化交流活动。"欢乐春节"以"欢乐、和谐、对话、共享"为创办宗旨，以"大自然的节日、家庭的节日、世界的节日"为发展理念，以"辞旧迎新、亲人团圆、祭祀祈福、休闲娱乐"为活动主题，旨在对外交流的过程中，紧紧围绕春节所蕴含的文化内涵、哲学思想以及价值理念，重点突出"欢乐春节，和谐世界"的节日氛围与感受，让越来越多的外国友人能够通过春节感知中华文化、了解中国社会，为中华文化走向世界提供一个更为宽广的舞台，为世界了解中国提供一个更为友善的窗口。

在活动内容的选择和安排上，"欢乐春节"组委会每年都要从国内众多优秀艺术团体中精心挑选质量上乘、最能代表中国传统文化精髓的展演项目对外传播，并在不同的国家和地区根据当地的具体条件和实际情况，在尊重当地民众信仰、风俗、行为习惯的基础上，举办诸如主题庙会、广场庆典、彩装巡游、剧场演出、文博展览、民俗展演、图片展示、图书展销、新年音乐会、创意集市、焰火晚会等在内的众多丰富多彩的文化交流活动。"欢乐春节"经过连年开展，目前已经初步形成了春节庙会、跨国春晚、广场庆典、中国序曲、艺术中国汇、中国风格、四海同春、五洲同春、亲情中华、中华风韵等在内的 20 余个子品牌项目。

作为一项大型的文化交流活动，"欢乐春节"以中华第一大节——春节为依托，于每年春节期间与世界各个国家和地区的相关文化部门通力合作共同举办。随着活动连年开展，"欢乐春节"的影响力不断扩大，每年都有更多的国家和地区积极参与其中。截至 2020 年，欢乐春节活动已成功举办 11 届，国内众多高水平艺术团体在春节的舞台上为世界其他国家和地区的人民奉献了不计其数的高质量文艺展演，取得了极为良好的效果与反响。2014 年 3 月 3 日，时任中共中央政治局委员、国务院副总理刘延东同志在中国国家博物馆参观"中国春节走向世界——'欢乐春节'五周年回顾展"时，对"欢乐春节"近年来对外传播所取得的成果给予了充分的肯定。她指出，5 年来，海外"欢乐春节"活动取得了很大成绩，为对外文化交流搭建了重要的平台，活动实现了规模、水平和影响上的步步高（宋佳烜，2014）。在 2015 年 4 月 7 日"欢乐春节"工作会议上，文化部党组书记、部长雒树刚指出，"在品牌建设方面，到 2020 年，在'欢乐春节'品牌旗下树立巩固 10～15 个重点子品牌活动……在国际合作方面，到 2020 年，力争与 30～50 个重点国家和地区的相关部门和机构建立长效合作机制……在国际媒体传播方面，到 2020 年，与海内外 50～100 家权威媒体建立紧密联系……争取覆盖全球 20 亿人次"①。

二、"欢乐春节"特点分析

（一）政府主办，海内海外相关机构鼎力支持

作为一项大型海外文化交流活动，"欢乐春节"之所以能够连续多年

① 内部资料：2015 年 4 月 7 日文化部党组书记、部长雒树刚在"欢乐春节"工作会议上的讲话。

成功举办，并取得上述多方面的积极影响，政府作为活动的主要参与者可谓功不可没。为了能够将最高水准、最能代表我国传统文化精髓的文化项目顺利地传播至世界各地，活动主办方需要拥有强大的组织与协调能力。在整个对外交流过程中，活动主办方既要有能力在国内对多个部门进行统一的调度与安排，又要能够取得活动举办地相关部门的许可与批准，同时还必须能够调动我国驻外相关机构在当地进行全力配合。并且，为了取得良好的传播效果，在整个传播过程中，活动主办方还应始终考虑到文化安全、文化软实力以及"我者"与"他者"分野等一系列文化对外传播的理论问题。就目前来看，国内尚不具有能够调动如此繁杂关系和巨大资源的专业活动举办机构，因此，我国政府义不容辞地扮演整个活动主办方的角色，提供了充足的人力、物力及财力以保证活动的顺利举办。目前，"欢乐春节"的主办单位主要包括文化部、外交部、教育部、财政部、商务部、国家民族事务委员会、国家广播电视总局、体育总局、国家旅游局、国家文物局、国务院侨务办公室以及中华全国归国华侨联合会等部门和机构。在整个活动的开展进程中，这些机构权责明确，分工清晰，相互间配合娴熟默契，在对外进行合作与洽谈时因代表我国政府而具有极高的可信度与威望，这些均保证了活动组织和实施的高效。

此外，"欢乐春节"能够成功举办，除了需要政府相关部门进行必要的统筹与协调工作外，同样离不开海内外其他相关机构的鼎力支持和大力配合。首先，在国内，"欢乐春节"每年都要依靠全国各地方文化厅（局）及中国对外文化集团等文化部直属院团的帮助与支持，从各地挑选出最能代表我国传统文化精髓的文艺活动并将其传播到世界各地。例如，2014 年2 月28 日，时任广西壮族自治区文化厅副厅长李民胜在中国国家博物馆举行的"欢乐春节"品牌活动专题座谈会上曾介绍，"广西文化厅连续 5 年参加海外'欢乐春节'活动，共组派 15 个艺术团，近 500 位演艺、展览人员，分赴东亚、南亚、中亚、北非、东欧等地区的 16 个国家开展活动103 场"（贝西，2014）[13]。而 2015 年"欢乐春节"活动则携手逾 300 个海外合作伙伴，先后派出 145 个团组，数量比 2014 年增加 58%，辐射人群近 10 亿[①]。可以说，没有这些机构及文化演艺团体提供的众多艺术精品，"欢乐春节"只能是一个形式大于内容、有名无实的空壳，不可能在世界范围内取得如此热烈的反响与好评。

其次，我国在全球各地的驻外使领馆、中国文化中心以及孔子学院等机构为"欢乐春节"在地方的顺利开展提供了充分的保障。每年在"欢乐春节"开始前的很长一段时间，我国驻外机构的前期准备工作就已全面展开，包括帮助国内相关机构与当地政府部门取得联系，协调、交涉各项活动举办所需的相关事宜，签订具体的合作协议，负责国内团体的接待工作，在当地招募活动志愿者，以及勘察、协调活动场地等。而在"欢乐春节"进行过程中，我国驻外相关机构还需要对各项活动进行全程实时跟进，协调、解决活动进行过程中随时可能出现的各种状况和问题。

此外，世界各国政府及其相关机构的积极配合更是"欢乐春节"在海外得以举办的基本前提。例如，2014 年"欢乐春节"活动得到了 34 个外国中央政府和 36 个地（市）政府及 228 家外国机构、企业的协助与合作[②]，截止到 2015 年，"欢乐春节"海外合作伙伴已经超过 300 家[③]。

以 2016 年我国在西班牙首都马德里举行的"欢乐春节"子项目——中国庙会为例（具体活动架构见图 4.2），其中主办方为国务院侨务办公

---

① 内部资料：2015 年 4 月 7 日文化部党组成员、副部长丁伟在"欢乐春节"工作会议上的讲话。
② 数据来源：贝西."欢乐春节"：把中国文化价值与世界共享［J］.中外文化交流，2014（4）：13.
③ 数据来源：2015 年"欢乐春节"将覆盖 118 个国家和地区［EB/OL］.中国新闻网2015 - 02 - 10.

室、中国驻西班牙使馆、马德里自治区政府、马德里市政府，承办方为西班牙侨界，西班牙马德里中国文化中心提供支持。可以看出，活动在举办过程中，既有我国政府部门的统一领导，又有当地政府的全力配合，同时还有我国驻地相关机构的大力支持。

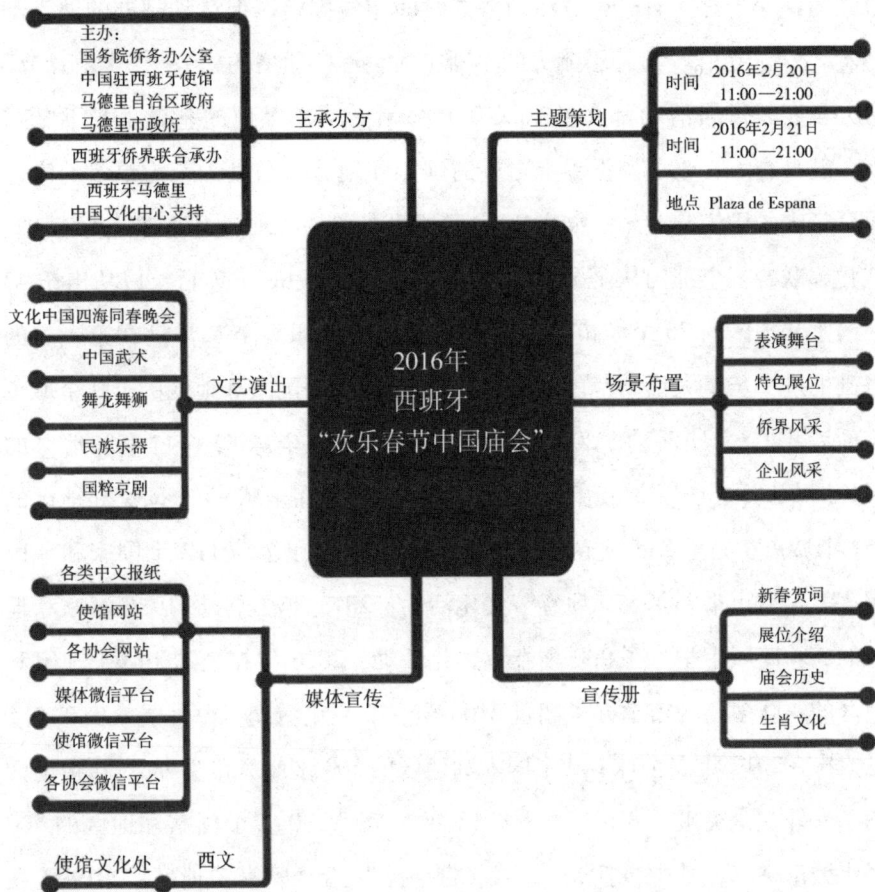

图 4.2　2016 年西班牙"欢乐春节中国庙会"活动架构

（二）时间统一，不同地点多项活动一同开启

"欢乐春节"活动紧紧围绕春节展开，因此节期相对固定，以当年我国农历新年作为参照，活动基本集中在公历每年年底至次年年初之间进行。如2015年"欢乐春节"于当年春节前半个月开始，并于元宵节后结束，为期一个月左右。虽然活动举办时间相对固定，但活动举办的地点却随着"欢乐春节"海外影响力的不断扩大呈逐年猛增的趋势。"欢乐春节"举办至今，每届活动都在基本保有上一年活动举办地的基础上，不断扩展，越办越大，吸引了世界上更多的国家和地区参与其中，为更多的海外民众带去了愉悦与欢乐。如在2010年举办的第一届"欢乐春节"活动中，文化部联合多个部门从全国20多个省区市选派了65个项目，成功出访42个国家和地区的76个城市；2011年第二届"欢乐春节"活动在第一届的基础上进一步扩大活动范围和影响，在全球64个国家和地区的100个城市全面展开了65项活动；2012年"欢乐春节"在全球82个国家和地区的144个城市举办了323项春节文化活动；2013年在全球99个国家和地区的251个城市举办了385项春节文化活动；2014年在全球112个国家和地区的321个城市举办了570项春节文化活动；2015年在全球119个国家和地区的324座城市举办了900项春节文化活动；2016年在全球140个国家和地区的400多座城市举办了超过2100项春节文化活动，海外受众突破2.5亿人次；2017年在全球140个国家和地区的500多座城市举办2000余场活动，海外受众突破2.8亿人次；2018年在全球130多个国家和地区的400多座城市举办，其中包括53个"一带一路"沿线国家和地区；2019年在全球133个国家和地区的396座城市举办1500余场活动。相信在不久的将来，全世界范围内的民众都能够亲身感受到"欢乐春节"的巨大魅力，到那时，"欢乐春节"将成为名副其实的全球性节日盛典。

（三）报道频繁，国内国外线上线下同时发声

如前所述，在大众传播以及网络传播盛行的时代，积极利用各种传播媒介和传播手段，充分使用各种传播渠道，是节庆活动获得美誉度与知名度的重要途径之一。通过对"欢乐春节"进行分析，笔者发现，"欢乐春节"在对外传播的过程中能够取得良好的效果，在很大程度上正是得益于海内外媒体全方位、多角度、多方式的积极宣传与报道。

国内方面，诸如中央电视台、新华社、北京电视台、《中国文化报》、《人民日报》、《光明日报》、《京华时报》等在内的众多媒体机构，每年从"欢乐春节"活动开始进行策划和筹备起，就派遣多名记者对其进行连续跟踪报道，不断发布与活动相关的最新资讯，方便海内外民众在第一时间了解"欢乐春节"的进展情况。并且，这些媒体机构的报道形式及报道渠道既丰富又多元，不仅能够通过电视、广播、报刊等传统渠道进行相关信息的发布，同时还能够通过其新闻网站、官方微博、微信公众号以及手机App客户端等新媒体平台推送视频、图片以及文字新闻。与此同时，国内其他媒体机构及媒介平台也会积极转载与"欢乐春节"相关的各类报道。海外方面，"欢乐春节"所到之处，在举行新闻发布会及活动推介会时，当地新闻媒体也积极响应，给予了必要的关注与报道。并且在活动举办过程中，当地媒体还会不时地就活动的内容与质量、活动的效果与影响进行相应的评论。

随着活动的连年开展，"欢乐春节"也逐渐吸引了包括路透社（Reuters）、美联社（The Associated Press）、《纽约时报》（The New York Times）、《华尔街日报》（The Wall Street Journal）、《华盛顿邮报》（The Washington Post）、《今日俄罗斯》（Russia Today）、英国广播公司（British Broadcasting Corporation）、《悉尼先驱晨报》（The Sydney Morning Herald）、《赫芬顿邮报》（The Huffington Post）、《每日电讯报》（The Daily Telegraph)、《洛杉矶时报》（Los Angeles Times）等在内的众多国际知名新闻机构及媒体的关注与报道。例如，《华尔街日报》称"欢乐春节"把纽约带入了"东方圣诞"的狂欢之中，春节已成为具有中国和亚洲特色的节日，知名度和欢庆规模超过圣诞节。

目前来看，针对"欢乐春节"活动的新闻报道量及正面报道量均呈逐年攀升之势。"欢乐春节"项目评估报告显示，"欢乐春节系列活动的中英文媒体报道总量，从 2010 年起稳步上升，2010 年为 2196 篇，2011 年为 3907 篇，2012 年为 4553 篇，2013 年为 6188 篇⋯⋯2010 年正面报道 101 篇，占总报道量的 5%；2013 年正面报道 2566 篇，占总报道量的 41%"（文化部对外联络局，2014）[43]。

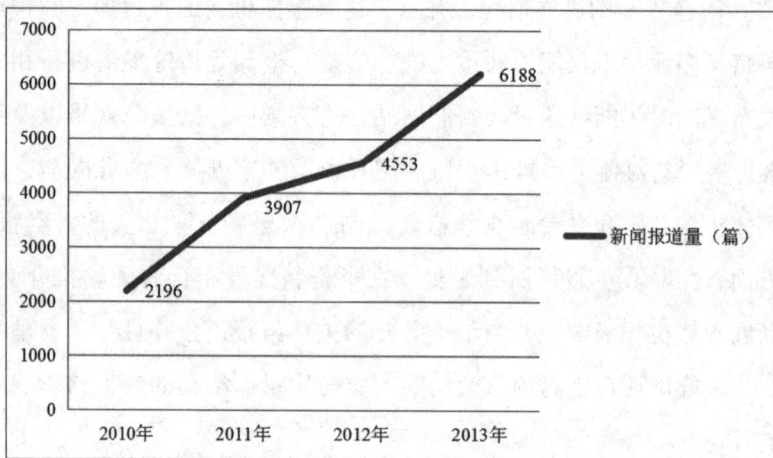

图 4.3 "欢乐春节"中英文媒体新闻报道总量

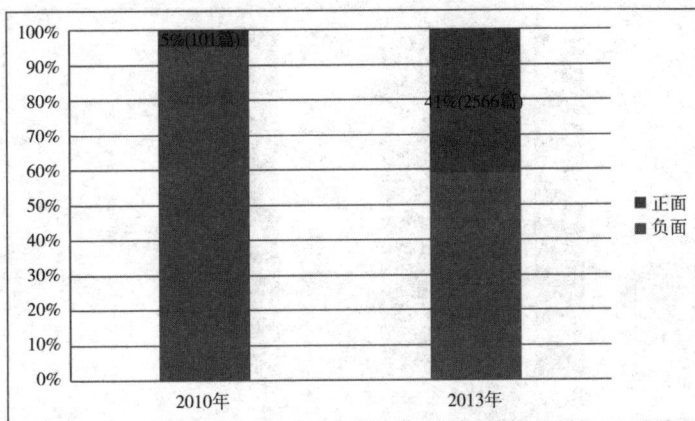

图4.4 "欢乐春节"正、负面报道情况对比

海内外新闻媒体的大规模报道也使"欢乐春节"海外知名度及美誉度获得了进一步的提升。资料显示,"2013 年在印尼、韩国和日本的问卷调查显示,听说过'欢乐春节'活动的受访者,印尼为 91.2%,韩国为 65.1%,日本为 36.0%……较喜欢和很喜欢'欢乐春节'活动的,印尼为 64.6%,韩国为 23.8%,日本为 21.9%"(文化部对外联络局,2014)[43]。

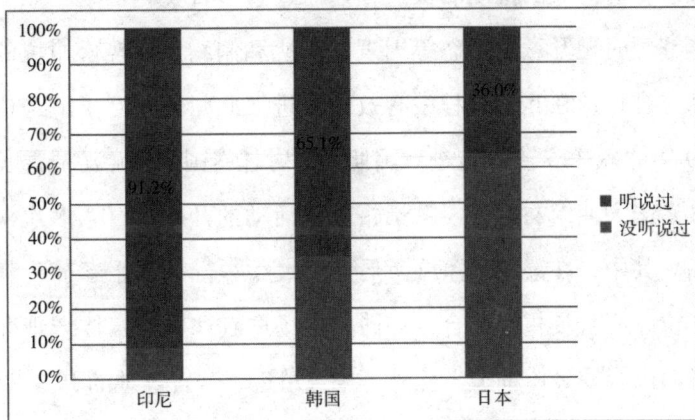

图4.5 "欢乐春节"海外知名度问卷调查结果

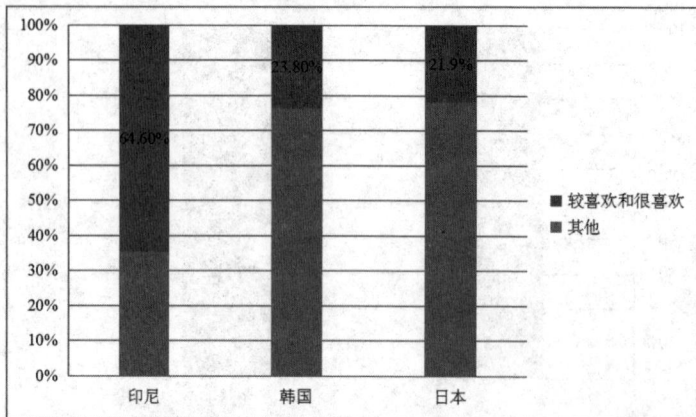

图4.6 "欢乐春节"海外美誉度问卷调查结果

三、"欢乐春节"对外传播效果评估

目前来看,得益于"欢乐春节"组委会的精心策划和高效运作,活动举办至今已经在政治、文化及社会领域中取得了不小的成就和积极的影响。首先,"欢乐春节"在异国他乡的成功举办,无疑对双边关系的进一步发展和深化有巨大的推动和促进作用。通过节日文化活动,双方政府相关部门能够暂时抛开意识形态等因素的干扰和制约,在轻松愉悦的氛围中进行洽谈与合作,在互动过程中有效地增进彼此间的相互了解与信任。例如,2010年"欢乐春节"走进泰国期间,时任泰国国家旅游局局长素拉蓬与中国驻泰国大使馆文化处参赞秦裕森就活动的开展进行了多次深入、密切的磋商。其中,在泰国国家旅游局办公大厅举行"欢乐春节"新闻发布会时,两位政府官员相互配合,一同向现场记者和电视媒体详细介绍节日活动的各项内容及具体细节。此外,来自清迈、普吉等地的10名外府府尹或政府代表也出席了当时的新闻发布会。中泰两国政府官员在轻松友好、欢快愉悦的氛围中与媒体进行了交流与互动,双方通过合作提升了相互间

的友谊和信任，为此后"欢乐春节"能够连年在泰国举办奠定了坚实的基础。此外，统计数据显示，2011年"欢乐春节"的所有活动一共吸引了近百位各国元首、政府首脑及高级官员出席；2012年则吸引了40多位总统、副总统、总理、议长、王室成员以及500多位内阁部长、省市长、议员等政要参加①。由"欢乐春节"所引发的双方政府官员间的频繁交往与互动，无疑为进一步深化和发展两国关系释放出更为积极和友好的信号。同时，各界政要、名流的积极参与也使欢乐春节活动的覆盖面更广、影响力更大、吸引力更强，让世界各国人民真切地感受到了一个充满魅力与活力，一个愿与世界其他国家共享和平、繁荣与欢乐的现代化中国形象。

其次，"欢乐春节"在世界各地的成功举办，无疑为中华文化提供了极为宝贵的同世界其他国家和地区优秀文化相互学习与交流的机会。正是在这种学习与交流的互动过程中，双方对彼此文化的精髓有了更加深刻的认知与理解。例如，2010年2月，中国驻欧盟使团联合欧洲议会对华关系代表团在布鲁塞尔的欧洲议会大楼内举办了"中国春节走进欧洲议会"文化周活动。时任欧洲议会副议长安杰莉莉在出席"欢乐春节"音乐会时表示，感谢中国驻欧盟使团将中国新年带进欧洲议会，让欧盟议员和工作人员近距离感受中国传统文化的魅力，领略当代中国和中国人的精神风貌。2011年时，"欢乐春节"带领甘肃省歌剧院历时三年打造的大型艺术精品——《敦煌韵》走进塞尔维亚时，时任该国副总理的科尔科巴比奇在观看演出后对中华文化的博大精深有了更加深刻的体悟，激动地对媒体表示，只有拥有几千年深厚历史文化底蕴的中国才会有如此精彩的演出（候湘华，2012）[80-81]。而在2014年"欢乐春节"的舞台上，埃及皮影剧团和

---

① 数据来源：候湘华."欢乐春节"：对外文化交流的靓丽品牌［J］.公共外交季刊，2012（2）：81.

我国江西木偶演出团在开罗古堡剧场同台演出，双方演员抓住这一难得的机会，展开了深度的交流与切磋，纷纷分享各自的表演技巧和方法。

此外，"欢乐春节"在海外的举办与传播，也为世界各地的民众带来了无与伦比的文化盛宴。如 2010 年第一届"欢乐春节"的成功举办，"是新中国成立以来，我国在同一时间段、围绕同一主题在海外开展的涉及国家最多、吸引观众数量最多的一次文化对外交流和公共外交活动，在世界各地迅速形成一股强劲的中华文化旋风，极大地激发了世界各国民众对中国文化的浓厚兴趣，同时也充分展示了中华文化的独特魅力和现代中国的良好形象"（候湘华，2012）[80]。2012 年，仅伦敦特拉法加广场（Trafalgar Square）的春节巡游活动就吸引了近 50 万的当地民众及各国游客。2014 年"欢乐春节"在埃及迈阿迪岛公园举行的庙会吸引了约 6000 名中外民众热情参与；亚特兰大第三届中国彩灯嘉年华则吸引了 20 多万人参观……"欢乐春节"项目评估报告对 24 个样本进行评估后指出，"（'欢乐春节'）传播的社会效益显著，到场观众数量的总数达到 1669650 人次，平均每项活动的观众数量达到 79507.14 人次。共有 2142 位国家政要参加活动，6916 位文化精英参加"（文化部对外联络局，2014）[43]。

第三节　媒体资源

一、官方媒体对外发展取得极大进展

目前来说，我国传统节日对外传播主要通过人际传播和大众传播来实现。而受传播范围及受众人数等众多因素的限制和影响，人际传播很难成

为我国传统节日对外传播的重要依靠和主要力量。因此，作为对外传播核心力量，我国官方媒体是当下我国传统节日对外传播所仰仗的主要传播渠道。实际上，早在新中国成立之初，我国就在新闻总署下设立了国际新闻局，专门负责对外宣传等一系列国际性事务和工作。近些年来，由于国家文化发展战略的需要，对外传播进一步受到我国政府相关部门的高度重视和密切关注，而2016年最新出炉的政府报告更是提出将"深化中外人文交流，加强国际传播能力建设"作为未来一段时期内文化发展的工作重点。得益于此，以报刊、广播、电视以及新媒体等为代表的大众传播媒体在海外频道建设、平台建设、信号覆盖以及人员配备等方面均取得了极大的进展，为中华文化走向世界和展示中国良好的国际形象提供了坚实的基础和保障。对此，余博（2015）[39]指出，"目前，我国已初步形成了以中央电视台海外中心、新华社对外部、中国国际广播电台、五洲传播中心、《中国日报》以及多家英语杂志和英文网站为主的对外传媒体系"。而外国专家在2013年全国政协外事委员会召开的座谈会上所做的论述则更为详尽，"近年来，中国加强媒体基础设施建设，投入大量资金建设现代化媒体大楼，引进先进的传播和接收设备，应用现代音视频以及印刷、电子技术，配备大量编辑和专业技术人员以及全职、兼职记者，使传播工具更现代、队伍更专业，实现了现代化的对外传播。随着技术的不断更新，中国媒体也实现了地理上的大面积覆盖，并从长期的多语种采集、处理和播发信息经验中获益"（李倩，2013）[20]。总的来讲，国内众多官方媒体在对外发展方面均有所建树，然而鉴于本文篇幅和主旨所限，在此主要以我国电视媒体的海外建设和发展情况为例进行介绍。

在频道建设方面，中央电视台作为国家副部级事业单位一马当先。1992年10月1日，中国中央电视台国际频道开播，2006年1月30日更名为中国中央电视台中文国际频道，频道呼号：CCTV－4中文国际，是央视目前唯一一个面向全球播出的中文频道，其目标观众为全球华人，特别是居住在海外的华人、华侨以及港、澳、台同胞。中文国际频道以新闻类节目为主，以文化类节目为辅，目的在于"传承中华文明，服务全球华人"。从 2007 年 1 月 1 日起，中文国际频道为了方便和满足不同国家及地区观众的收视习惯，由最初的一个版本扩增为目前的亚洲、欧洲及美洲三个版本。中央电视台英语国际频道（CCTV - 9）作为中文国际频道之后央视第二个开办的国际频道，于 2000 年 9 月 15 日正式开播，并于 2010 年 4 月 26 日升级为中央电视台英语新闻频道（CCTV - 13　新闻）。截至 2013 年年底，中央电视台共开办有汉语、英语、西班牙语（CCTV - E，2007 年 10 月 1 日开播）、法语（CCTV - F，2007 年 10 月 1 日开播）、阿拉伯语（CCTV -العربية，2009 年 7 月 25 日开播）、俄语（CCTV - Русский，2009 年 9 月 10 日开播）6 个语种的 7 个国际频道。

此外，紧随央视脚步，我国各地方电视台也先后开办了自己的国际频道，虽然在实力上与央视具有一定的差距，但依旧取得了不俗的成绩，同样为增强我国对外传播能力做出了应有的贡献。如深圳国际频道于 2004 年 5 月 18 日正式开播；江苏国际频道于 2004 年 10 月 1 日正式开播；浙江电视台国际频道于 2006 年 8 月 21 日正式开播；重庆卫视国际频道于 2007 年 3 月 1 日正式开播；天津电视台国际频道于 2008 年 12 月 28 日正式开播；安徽电视台国际频道于 2009 年 3 月 26 日正式开播；湖南卫视国际频道 2009 年 5 月 20 日正式开播；广西电视台国际频道于 2010 年 1 月 1 日正式开播；云南广播电视台国际频道于 2013 年 8 月 30 日正式开播，并于 2014 年 1 月 25 日正式落地老挝，成为其境内第一个使用老挝语播出的外国频道；河南电视台国际频道于 2014 年 1 月 1 日正式开播。除上述频道外，我国其他省级电视台及地市级电视台也在不断尝试通过包括节目交流、落地播出、网站合作等在内的众多方式与境外媒体进行深度合作，积极探索本土电视节目对外传播的可能。

在平台建设方面，以海外华人为主要目标受众，提供诸如CCTV－4,北京卫视、上海东方卫视、凤凰卫视、浙江电视台国际频道等众多国内优质电视频道的中国电视长城平台，从2004年起发展至今已经成为全球最大的华语付费电视平台。中国电视长城平台通过与海外主流电视、电信运营商合作，目前已建有北美、亚洲、欧洲、拉丁美洲、非洲、大洋洲等9大系列平台，在全球范围内大约拥有15万付费用户。中国电视长城平台在各个洲的拓展与延伸在很大程度上也支持并推动了国内省级电视台国际频道的发展与建设。

表4.2　中国电视长城平台发展大事记

时间	事件
2004 年 10 月 1 日	中国电视长城（美国）平台正式建成，通过美国艾科斯塔公司（Dish Network）的直播卫星及麒麟电视 IP 电视网，22 个中国卫星电视频道在美国实现落地。
2005 年 2 月 1 日	中国电视长城（亚洲）平台正式建成，11 个中国卫星电视频道通过亚太 5 号卫星 Ku 波段播出，覆盖香港、澳门、台湾地区及韩国、越南、缅甸、泰国等国家。
2006 年 8 月 28 日	中国电视长城（欧洲）平台正式建成，通过法国 FREE 电信 IP 电视网、法国电信 Orange 公司 IP 电视网、法国 Neuf 公司 IP 电视网、法国布依格电信（Bouygues Telecom）IP 电视网及麒麟电视 IP 电视网，14 个中国电视频道将采用包括 IP 电视、有线电视和卫星直播等多种传播方式，覆盖全欧洲。

续表

时间	事件
2007 年 1 月 1 日	中国电视长城（加拿大）平台正式建成，通过加拿大罗杰斯公司（Rogers）有线电视网、加拿大贝尔（Bell）电信公司 IP 电视网、加拿大泰勒斯（Telus）电信公司 IP 电视网及麒麟电视 IP 电视网，23 个中国电视频道在加拿大实现落地。
2008 年 1 月 1 日	中国电视长城（拉美）平台正式建成，通过与美国精宇卫星科技公司合作，15 个中国电视频道以卫星直播的方式在拉美地区落地播出。
2009 年 9 月 20 日	中国电视长城（东南亚）平台正式建成，通过 DETV IP 电视网及麒麟电视 IP 电视网，25 个中国电视频道在马来西亚、新加坡及泰国等国实现落地。
2010 年 11 月 29 日	中国电视长城（澳大利亚）平台正式建成，通过澳大利亚 Fetch TV IP 电视网，16 个中国电视频道实现落地。
2013 年 7 月 1 日	中国电视长城（新西兰）平台正式建成，通过新西兰 MegaTEL 电信公司的网络技术平台及运营网络为当地观众提供优质中文电视节目。

除传统平台建设外，随着互联网的进一步发展和新媒体技术的不断成熟，传统媒体新型媒介平台的建设工作也迅速展开，与传统平台一并成为我国文化走出去的重要支撑。1996 年 12 月，中央电视台官方网站央视网（China Network Television）建立并开始运行；2009 年 12 月 28 日，中国网络电视台（CNTV）正式开播，于次年 7 月将央视网合并至旗下；在 2011

年开始建设海外本土化网站，同年 3 月 CNTV 发布 iPad 客户端。除此之外，CNTV 还积极入驻 YouTube、Facebook 及 Twitter 等国外大型社交媒体，对外输出本土节目，在取得十分可观的点击率的同时，吸引了大量粉丝和固定用户。CNTV 在 YouTube、Facebook 及 Twitter 上所取得的成功同样引起不少地方广电机构的学习与借鉴，北京卫视、天津卫视、湖南卫视等在内的众多地方卫视频道也纷纷在国外大型社交媒体平台上开设自己的官方账号或频道，推送优秀电视节目。

在信号覆盖方面，中央电视台于 1991 年 9 月 1 日起开始租借香港亚洲卫星有限公司的"亚洲一号通信卫星"传播第一套节目，信号覆盖了港澳台地区及东南亚各国，并于 1996 年 4 月，租用泛美二号、三号及四号卫星，使得国际频道节目覆盖了全世界 98% 的人口地区，到 2013 年年底，央视国际频道的节目已经能够覆盖全球 170 多个国家和地区，在覆盖率方面进一步接近英国广播公司（BBC）和美国有线电视新闻网（CNN）[①]。而中国网络电视台则同时拥有央视网，并建设网络电视、IP 电视、手机电视、移动电视、互联网电视等集成播控平台，通过部署全球网络视频分发系统，已覆盖全球 210 多个国家及地区的互联网用户，并推出了英、西、法、阿、俄、韩 6 个外语频道以及蒙、藏、维、哈、朝 5 种少数民族语言频道，建立了拥有全媒体、全覆盖传播体系的网络视听公共服务平台。

总的来说，我国官方媒体的对外发展已初步完成了由最初的以硬件建设为主向软硬件相互促进、相互提升建设的过渡，并呈现出全面提升、多点开花的发展态势。而我国官方媒体对外发展所取得的一系列成绩也为我

---

① 在全球传统电视机构中，节目覆盖超过 190 个国家和地区的机构较少。BBC 覆盖国家和地区数最多，达到 223 个；CNN 次之，为 210 个。数据来源：国家新闻出版广电总局发展研究中心. 中国广播电影电视发展报告（2014）[R]. 北京：社会科学文献出版社，2014：135.

国传统节日的对外传播提供了强有力的支持与帮助，以CCTV-4为例，在2006年春节期间，CCTV-4连续多天以直播的形式介绍全国各地民众过年的热闹景象，讲述节日期间各种特色仪式和活动所蕴含的文化内涵；同年，该台新闻节目《传奇中国节》每逢"三月三""端午节"等我国传统节日到来之时，都对全国各地的节日盛况进行了详细全面的直播报道；2010年春节期间推出了《我们的春节》大型系列文化节目，通过与世界各地华人华侨互动的方式弘扬春节文化……

二、官方媒体对外传播传统节日效果评估

虽然由我国政府所主导的"欢乐春节"活动已经能够直接走出国门，在海外民众身边开展更为直接的文化交流与传播活动，但毕竟这种传播方式所能接触到的受众人数、辐射面、覆盖范围依然十分有限，无法保证所有海外民众都有参与其中的可能。此外，这种运作模式耗资过于巨大，无法推广运用到我国其他传统节日的对外传播过程中。实际上，目前更多的海外民众是通过国内外新闻媒体的宣传和报道了解中国传统节日的。因此，有必要在此对我国官方媒体对传统节日的报道进行深入的分析与总结，以此进一步准确了解我国传统节日在对外传播过程中的实际情况以及所存在的不足和缺陷。

如前所述，近年来，国内一些媒体在对外发展过程中取得了长足的进步与突破，海外传播平台搭建逐步完善，吸引了越来越多的华人用户及外国受众的长期关注与支持。吴瑛（2009）[92]在其专著《文化对外传播：理论与战略》中曾指出，目前，"新华社、中国国际广播电台、中央电视台的4个涉外频道、以China Daily、Global Times为代表的英文报纸，以及正在发展和壮大的对外媒体网站是当前中国对外传播的主要传媒平台"。此外,Alexa① 全球月均页面访问量排名显示,我国人民网、光明网以及新华网分别为第 56 名、83 名和 86 名②。笔者以此为依据,初步选取新华社的新华网、人民日报社的人民网、中国互联网新闻中心的中国网以及中国日报网站作为研究对象,以关键词全文搜索的方式在 4 家新闻媒体网站上进行站内新闻检索,分别从报道数量、报道篇幅以及报道内容等方面对检索结果进行深入分析,充分了解和掌握当下我国官方媒体针对我国传统节日对外传播的具体情况,总结其传播特点与不足。具体调查结果如下:

笔者首先以"我国传统节日"为关键词对新华网、人民网及中国网 3 家中文网站进行站内全文搜索,检索总结果为:截至 2015 年 10 月 22 日,新华网 95900 篇,人民网 1133 篇,中国网 69 篇。由于中国日报网为英文网站,因此笔者以"China's traditional festival"为关键词对中国日报网进行站内全文搜索,检索总结果为:截至 2015 年 10 月 22 日,与我国传统节日相关的报道共 17295 篇。其中,笔者在初步检索过程中发现,新华网及中国网站内数据库信息不全从而导致样本不具有充分代表性,因此将不再作为研究对象进行后续分析。

随后,笔者以年度为时间单位对人民网及中国日报网的相关报道进行了细分,从 2010 年至 2014 年的检索结果为:人民网 2014 年度有关我国传统节日的报道 69 篇,2013 年度 101 篇,2012 年度 57 篇,2011 年度 94 篇,2010 年度 82 篇;中国日报网 2014 年度有关我国传统节日的报道 2148 篇,

---

① Alexa 排名是指网站的世界排名,主要分为综合排名和分类排名,Alexa 提供了包括综合排名、到访量排名、页面访问量排名等多个评价指标信息,大多数人把它当作当前较为权威的网站访问量评价指标。
② 数据来源:刘扬. 我国主流媒体新媒介对外传播发展情况分析 [J]. 对外传播,2014 (3):4.

2013 年度 2930 篇，2012 年度 2208 篇，2011 年度 2223 篇，2010 年度 1981 篇。统计结果显示，人民网有关我国传统节日的新闻报道在数量上要远远少于中国日报网。人民网 2010 年至 2014 年各年度的报道量差异较为明显，如 2012 年的报道数量与 2013 年相比相差接近一倍；而中国日报网年度报道总量则相对较为均衡，除 2013 年度的报道量接近 3000 篇外，其余四年的报道总量均保持在 2000 篇上下。

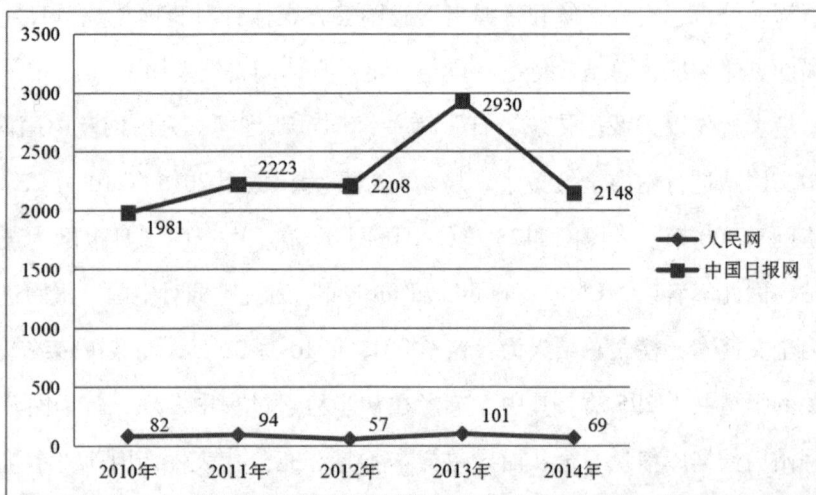

图 4.7　人民网、中国日报网 2010 年至 2014 年有关我国传统节日年度新闻报道量

　　在报道篇幅方面，笔者分别对两家网站采用随机抽样的方法从检索结果中各抽取 200 篇报道作为研究样本进行了更为深入地分析。结果显示，人民网平均每篇报道长度为 1224 个字符，报道间篇幅长度差异明显，如抽样中最短的一篇报道仅有 181 个字符，而最长的一篇报道则有 3582 个字符之多；而中国日报网平均每篇报道长度仅为 361 个字符，报道间篇幅长度差异同样明显，最短报道仅有 81 个字符，最长的则有 814 个字符。两家媒体的报道相较而言，中国日报网的报道篇幅要明显短于人民网。当然，如果仅从长度来看，这与写作语种、行文方式以及逻辑架构的不同有很大关系。

在报道内容方面，人民网样本研究结果显示，介绍我国传统节日文化习俗及活动的报道所占比重最大，超过总数八成，达到85.7%；各地节日盛况的相关报道仅占14.3%。而中国日报网样本显示的结果与人民网恰巧相反，报道传统节日期间国内及国外节日盛况的文章所占比重最大，达到57.1%，超过了总数的一半；介绍我国传统节日文化习俗及活动的文章则不足总数的两成，仅有14.3%。

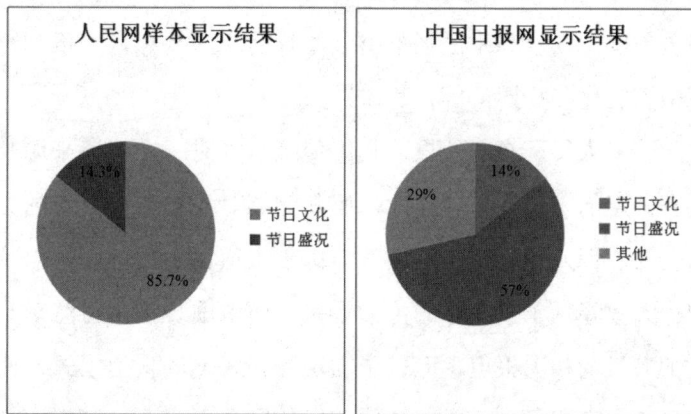

笔者通过进一步分析发现，造成两家网站在报道内容方面存在差异的主要原因首先在于，人民网所刊载的报道及文章来源相对丰富，既有报社内部专业记者编写的常规新闻报道，同时还有不少是我国节日研究专家及学者所撰写的专业文章，甚至还有一些是民众的节日随笔；而反观中国日报网的报道，大多由报社内部专业记者提供，报道来源相对单一。其次，两家媒体报道侧重的不同也与二者在报道过程中所使用的语种有直接的关系。我国传统节日博大精深，节日文化、习俗、仪式以及活动内容众多，包罗万象，在报道过程中不免要经常涉及各种民俗术语的使用。人民网使

用中文进行报道时并不会遇到很大的问题，然而使用非母语报道的中国日报网在这一过程中则遇到了不小的困难。对此，为了确保词语、句法使用的准确性，记者们往往选择避开晦涩难译的民俗学术语，而选取相对保守且程式化的报道框架及词语进行常规性报道，使报道内容的丰富性大打折扣。实际上，这种现象在我国其他媒体的对外报道过程中也比比皆是，有学者指出"每逢重大传统节日，我国对外电视频道的节目大多会报道相关庆祝活动，但是，报道角度与方法通常和国内新闻的报道并没有太大区别。国内受众对这些节日的历史文化背景和相关庆祝活动比较熟悉，但海外受众却相对陌生；国内电视节目关于传统节日活动的报道大多比较笼统，其报道角度、内容和手法很难引起海外受众的兴趣，也不利于让他们深入了解中国文化"（李宇 等，2010）[31]。

　　综上所述，人民网在对外报道我国传统节日时，在报道来源与报道内容方面具有一定的丰富性与多样性，使其能够对我国传统节日的方方面面进行较为全面、深入地介绍与解读，但由于报道篇数的不足，以及使用语种的限制，大大降低了其实际的传播效果。而中国日报网虽然对我国传统节日进行了大量的相关报道，但过于固定和程式化的报道模式，使其在报道来源与报道内容方面过于单一，致使海外民众无法通过其报道获得更多与我国传统节日深层内涵相关的信息。由此可见，我国官方媒体在我国传统节日对外传播方面效果不甚理想。

第四节　西方传统节日文化在我国传播所带来的启示

　　深受改革开放、中国入世以及全球经济一体化等众多因素的影响，圣诞节、情人节、万圣节、感恩节等在内的一些西方传统节日逐渐传入我国，近年来影响力和人气值更是与日俱增。国人对西方传统节日的高涨热情和积极参与不仅催生了许多新的节日行为及现象，更在一定程度上引发了国人对于传统文化认同的忧虑，以及对于我国传统节日传承与发展的思考。可以说，西方传统节日随着时代和社会的发展，已经很好地在我国传播开来，并在一定程度上"真正"融入了国内民众的日常生活之中，成为其不可缺少的一部分。而这其中最令人深思的是，以宗教文化为核心的西方传统节日，是如何通过对自身节日内涵的"重塑"以及适当的"本土化"在中国落地生根的。这种跨文化传播之中必然有其相应的经验及规律可循。因此，笔者以西方传统节日在国内的传播作为研究对象，希望通过对其在国内传播的现状、原因等内容进行全面的解读，找出其成功传播的模式及经验，取长补短，为我国传统节日的对外传播提供相应的指导及依据。

一、西方传统节日文化在我国传播的原因

西方传统节日经过一段时间的传播与发展，逐渐在国内拥有了相对稳定的受众群体，对我国民众的日常生活产生了一定的影响。西方传统节日作为成功打入异质文化内部的典范，深入探究其在我国得以传播的原因无疑对我国传统节日的对外传播具有一定的指导意义和借鉴作用。对此，笔者通过对多位专家进行深度访谈后，将西方传统节日在我国传播的原因大体分为内部原因和外部原因两大方面。其中，内部原因主要是国人的文化自卑，我国传统节日体系的断裂以及节日文化记忆的缺失；而外部原因主要是西方文化与经济在我国的传播以及西方传统节日的内在特性。

（一）国人的文化自卑

纵观中国文化发展史，一条前进性与曲折性相统一的坎坷进程清晰可见，国人对于自身文化的认识经历了否定之否定的发展历程。从封建社会"天朝上国"式的文化自傲，再到全球化时代"大国崛起"似的文化自觉，中华文化的延续与发展可谓跌宕起伏，几经沉浮。而在整个文化发展的历史进程中，1911 年辛亥革命到 1919 年五四运动是一段极为重要的时期。以鲁迅、陈独秀以及胡适为代表的文化精英阶层，在国家生死存亡的危急关头，提出了"全盘西化①"的文化发展策略。

后续文化学者在研究这段历史时，大多数采用了"极端""激进""狂热"等词汇来形容这一时期中国社会所发生的前所未有的文化变革和社会运动。亨廷顿则将 19 世纪末到 20 世纪初的中国知识分子归类于汤因比所提出的希律党人②的范畴，称其为极端的基马尔主义③（凯末尔主义），并指出当时中国的知识分子和精英阶层认为，"现代化是渴望和必要的，本土的文化与现代化不相容，必须抛弃或废除；为了成功地实现现代化，社会必须完全西方化"（萨缪尔·亨廷顿，2009）[52]。根据英国社会学家马林诺夫斯基（Bronislaw Kaspar Malinowski）的文化功能理论，一种文化得以延续和发展的基础在于其对于人们需要的满足，当文化不能够满足或实现人们的需求时，其基础地位就会被动摇，延续性就会被打破。因此，笔者认为，在那一特殊历史时期下采取的文化发展策略，实际上也是

---

① 全盘西化是近代中国知识分子的一种思潮，主要代表人物为陈序经、胡适等，最早于 1929 年提出。自晚清以来，中国被西方列强侵入，很多人认为是中国封建文化的问题，因此主张学习西方思想行为方式，将中国的封建文化全盘抛弃。
② 希律党人（Herodianism），即拥护现代化和西方化的群体。参见：［美］萨缪尔·亨廷顿. 文明的冲突与世界秩序的重建［M］. 周琪，等译. 修订版. 北京：新华出版社，2009：52.
③ 基马尔主义，也称凯末尔主义，形成于 1919—1931 年，土耳其的政治经济理论体系，由土耳其共和人民党和土耳其共和国的创建者穆斯塔法·基马尔（凯末尔）·阿塔土克所倡导，旨在用西方的认同来代替非西方的认同。参见：［美］萨缪尔·亨廷顿. 文明的冲突与世界秩序的重建［M］. 周琪，等译. 修订版. 北京：新华出版社，2009：52-53.

社会精英们所进行的破釜沉舟般的无奈之举。

回顾历史不难发现，自第一次鸦片战争开始，魏源、张之洞、康有为、梁启超等清代思想家便已从"天朝上国"的美梦中逐渐清醒过来，想方设法改变国家落后挨打的局面，提出了"师夷长技以制夷"，"中学为体，西学为用"等发展理念，力图通过学习西方先进的科学技术来扭转局势，并最终促成了1861年的洋务运动和1898年的戊戌变法。然而令人遗憾的是，出于多方面因素的干扰，运动和变法并没有达到预期效果，西方列强侵略中国的脚步并未停止，国人继续经受着惨痛的磨难。在此种情况下，社会有识之士对中国落后挨打的原因进行了更为深刻和彻底的反思，最终将中国社会的病症归结于我国传统文化的腐朽与没落，认为要想摆脱西方列强的侵略，唯有对上千年的传统文化进行全盘否定和抛弃。

一系列的社会运动从理论转为实践，虽然在一定程度上帮助中国在特殊的历史时期内取得了长足的发展和进步，并逐步摆脱了困境和不利局面，但在这一过程中也付出了十分昂贵的代价，即最终导致了国人对于我国传统文化的极度蔑视和全部抛弃。许曦明（2010）[52]对此总结道："西化促使国人有意识或无意识地切割、疏远自己的传统文化，西学很快作为新学而成为中国社会意识的主流，传统旧学逐渐成为被边缘化的隐学。"即使时代发展到今天，人们在谈论这段历史时，依然能够清晰地回忆起当年胡适所说的"我们百事不如人"的著名论断，这在国人内心深处烙下了不可磨灭的印记，对后世所产生的深远影响和巨大创伤直到今天依然无法消弭。国人文化自卑的心理定式也由此形成，始终觉得西方的就是先进的，就是精华；传统的就是落后的，就是糟粕。我国传统节日作为传统文化的重要组成部分也因此不可避免地受到了这一心理趋势的影响。

（二）传统节日体系的断裂

文化自卑心理一经形成，便逐渐开始在政府决策制定层面发挥其独特功效。1912 年 1 月，"中华民国"政府为了彰显与旧时代彻底决裂的决心，孙中山签发《临时大总统关于颁布历书令》，明确废弃已经使用上千年之久的农历，转而采用西方社会所普遍认同和使用的公历作为官方的时间单位，并以 1912 年的 1 月 1 日作为中华民国元年的开始。从这一刻起，中国传统的农历退出了官方舞台，虽然根据当时的国情需要并未完全予以彻底废除，但其上千年的正统地位已然陨落，被迫让位于更具"现代性"的西历。而基于传统农历所形成和发展起来的传统节日也渐渐失去了自身应有的地位和影响，其重要性在政府一次又一次的文化改革中被逐步地轻视和忽略。

1914 年，袁世凯批准了北京政府内务部的呈文，将"元旦""新年"的名头从农历 1 月 1 日转让给了公历的 1 月 1 日，并将元旦改称为春节，端午改称为夏节，中秋改称为秋节，冬至改称为冬节，是日全国放假一天。从这一举措可以看出，虽然官方保留了部分传统节日，但为了自身发展需要，政府已然开始对传统节日进行政治性改造。通过每个传统节日仅放假一天的规定可以看出，对于传统节日的重视程度明显下降。要知道，唐代中秋节官员放假三天，明朝冬至日全国放假三天，而如今这些节日均改为只放假一天，比较之下其受重视程度可想而知。

而到了 1928 年，针对民间不少百姓仍然坚持使用农历，过传统节日的习惯，内政部在呈文中使用"蒙昧"，"贻笑列邦"，"抵牾国体"，"与革命之旨极端背驰"等词句对这种现象进行通报批评，并出台了一系列办法和举措，采用强制性手段进行干涉，足见官方彻底颠覆传统的决心。在这其中，有两条与传统节日紧密相关的法令引人注目，一是明确通告各机关、学校、团体等部门和组织，对于旧历节令除国历中承认和规定的之外，一律不准依照传统的习俗观念给予放假；二是要求全国各地一律将旧历年节的所有风俗习惯和节日活动移至国历新年，即公历的 1 月 1 日进行。

这些办法的实施致使上千年来民众遵循自然节律调整作息，进行休憩的生活方式发生了根本性的改变，无疑对我国传统节日的传承产生了极大的损害。

同时，政府对于传统节日的改革和调整并不是孤立进行的，这期间还伴随着不断增设"现代"节日来挤压传统节日的生存空间。到1929年，政府先后设立了国庆日、"中华民国"临时政府成立纪念日、宣布共和、南北统一纪念日等28个纪念日。此外，为了与国际社会更好地接轨，政府还增添了国际妇女节、国际劳动节等国际性节日，并且规定在这些节日里也要举行相应的庆祝活动和仪式。然而，一年365天的时间是固定不变的，这其中既要保证国家职能部门的正常运转，又要增设大量现代节日，那么唯一的办法就只有取消传统节日，以新设节日替代旧有节日。因此，到1949年中华人民共和国成立后，在政务院（今国务院）颁布的《全国年节及纪念日放假办法》中，只有春节作为法定节日被保留下来。而随着"文化大革命""破四旧，立四新"运动口号的提出，春节期间的一系列传统活动如祭祖先、拜天地、放鞭炮、大吃大喝等内容和风俗被视为旧思想、旧文化、旧风俗以及旧习惯的典型和代表，遭到了革命者的猛烈抨击与批判。对此，国务院在1967年1月30日正式发出通知，宣布春节不再放假休息，要求人民群众在节日里继续抓革命，促生产，过"革命化的"春节。高丙中（2005）[77]对此总结到，"国家的宣传教育和文化革命使传统的风俗习惯成为反面的东西，人们没有共同的时间，也不敢大肆、公开地继续过旧时代遗留下来的节日……从'文化大革命'的破'四旧'兴起之后，人民除了被组织起来参加国家的节庆活动和生产劳动，就没有机会过传统的节日"。至此，我国传统节日无一幸免，均遭受到了不同程度的影响。

（三）节日文化记忆的空白

传统节日体系断裂的情形直到我国改革开放后才略有改观。1979年，部分省区开始宣布恢复春节放假，但并未涉及其他传统节日。而将清明、端午、中秋重新列入国家法定节假日体系则是在 21 世纪之后的事情了①。从 1912 年初至 2007 年末，传统节日体系已经断裂了近百年的时间。这种断裂最终带来的结果便是，生活、成长以及出生在这一时期的国人对于我国传统节日的各个方面表现出或是一无所知，或是漠不关心，或是无法理解的情况，是一种对传统节日文化的集体性记忆空白与缺失。刘锡诚 (2013)[76]以端午节为例指出，"'文革'之后成长起来的青年人，尤其是城市青年，比较多地受到拜金主义和享乐主义思潮的影响，但对传统节日端午节的文化内涵了解，实在是很少的，他们几乎没有关于端午的文化内涵的知识熏陶，而他们的父辈大多是毁灭传统文化的'文革'的牺牲品"。绝大多数人在这一时期对传统节日的认识只能依靠老辈人回忆性的讲述。而由于社会性质和时代背景的变迁，加之这一时期的民众本身对于传统节日并无直接的接触与感知，因此基本上很难理解传统节日的具体内涵和重要意义。中国人节日观调查报告曾对我国民众过西方节日的原因进行过调查，其中有 6.1% 的人认为中国传统节日太少了，这无疑从另一侧面反映出我国官方之前对于传统节日的忽视，导致许多历史悠久、为民众所喜爱的传统节日销声匿迹，民众精神生活的空虚与不足。

（四）西方经济与文化的传播

西方传统节日之所以能够传入中国，除上述我国文化发展自身所出现的一些动荡和问题外，同样离不开西方经济与文化在我国传播所带来的影响。随着改革开放、中国入世，外国资本逐渐进入国内市场，外资企业纷

---

① 2007 年 12 月 7 日，国务院第 198 次常务会议通过《国务院关于修改〈全国年节及纪念日放假办法〉的决定》，其中将清明节、端午节及中秋节列为国家法定节假日，是日全国放假一天。

纷在华建立分部、开设工厂或与国内企业进行合作成立公司，其中不少外籍员工被派往中国生活和工作。海外资金及人员的到来无形之中也将西方的文化带到了国内。每逢西方传统节日期间，外籍员工会向自己的亲朋好友及同事寄送节日贺卡及小礼物，外资企业要举行相关的主题酒会及狂欢派对，积极邀请社会各界名流前来欢庆，公司员工不论职位高低、不论国籍也同样可以参与其中尽情享受节日气氛。西方传统节日凭借其异国风情的节日习俗，以及随和平等的交流氛围在国内产生了相当大的影响力，加之当时国人对于西方发达经济的崇拜与羡慕，西方传统节日迅速被国人贴上了"新颖""时尚"的标签。国内民众或出于猎奇的心理，或出于追逐潮流的心态，开始对西方传统节日进行狂热的追捧，以过"洋节"来标榜自己够时尚。国内商家也瞅准时机，适时地推出了样式新颖的节日商品及花样繁多的娱乐活动，鼓励民众进行节日消费。媒体方面出于引领潮流及吸引读者眼球的目的，通常也会在节日期间积极及时地报道和宣传与西方传统节日相关的一切内容。

此外，如笔者在绪论中所述，美国好莱坞电影热销全球，这些作品携带着自由、平等、独立等文化理念传入我国后，迅速迎合了当代中青年群体对于表达自我的渴望。这其中不少与爱情、友情、亲情相关的电影，如《真爱至上》（Love Actually）、《雪人情缘》（Jack Frost）等中均有不少与西方节日相关的场景出现。导演运用娴熟的电影技巧营造出大量梦幻般的节日场景，使观众在不知不觉的情况下被影片中所展现出的浪漫、温馨、感人的节日氛围深深地吸引和打动。影片中，男女主人公在圣诞树下缘定终身，平安夜孩子们围坐在炉火前听父母讲故事，以及一家老小围着火鸡大餐进行祈祷等桥段，充分表达出西方传统节日的特点以及与我国传统节日的不同之处，使国内民众对于参与西方传统节日产生了浓厚的兴趣和憧憬。

（五）西方传统节日的内在特性

此外，西方传统节日本身所具有的文化特性也是其得以在我国传播和发展的关键。与我国传统节日一样，西方传统节日也同样具有承载西方文化思想精髓的作用与功能。西方文化中注重个人主义、享乐主义以及强调平等、自由的价值观念在其节日文化中也均有所体现和表露。在全球化的今天，西方传统节日中所具有的这些文化内涵和特性迎合了时代发展的需要，在传入我国后，迅速迎合了国内民众的心理诉求及情感表达的需要，为其今后在我国的进一步传播和发展打下了坚实的基础，提供了必要的保障。

首先，西方传统节日十分重视节日参与者个人的身心体验，强调节日中个人情感的充分释放与彻底表达。与中国传统文化中讲求人性内敛、含蓄与克制所不同，西方文化更加鼓励人们直接、热情与奔放地表达自身情感。因此，我国传统节日强调的是人们对于自身欲望有限度的表达和有节制的享乐，而西方传统节日则习惯于让人们纵情狂欢[①]。通过对我国七夕节和西方情人节进行比较，这种区别和不同则表现得更为明显。在我国，七夕节因牛郎织女的唯美爱情故事而家喻户晓，经常被人们视作"中国情人节"。但通过深入分析不难发现，与西方人在情人节期间互送玫瑰花、巧克力等信物直接表达爱意不同，七夕节中，青年男女们更多的是将自身对美好爱情的憧憬和期盼通过各种节日习俗和仪式间接地流露，人与人之间情感的交流与表达更为隐晦。然而随着改革开放，国门大开，国人眼界越发开阔，思想越发开放，渴望人与人之间更多的情感交流，传统观念中含蓄、隐晦以及间接的表达方式已经完全不能适应民众的需要。西方传统节日中鼓励个人情感直接表达的理念也因此深受现代人的喜爱，从而在我国吸引了大量的节日参与者。

---

① 节日英文单词"carnival"本身就含有明显的狂欢意义。

其次，西方传统节日强调人与人之间的平等关系。在过节时，人与人之间没有上下级关系，没有等级秩序，没有阶级制度，有的只是亲朋好友之间的平等交流和无拘无束的尽情享乐。例如，在万圣节狂欢夜，不论男女老少，不论是何种职业，人们都可以参加盛装巡游，共同沉浸在节日狂欢的氛围之中。再如愚人节期间，员工与领导之间没有等级上的顾虑与隔膜，可以轻松地互开玩笑、搞恶作剧。这些理念与行为均与我国传统节日中强调尊卑有序、讲求等级制度的观点截然不同。如前所述，在我国，西方传统节日的主要参与者是中青年群体，他们对自由与平等有着更高的追求，更加渴望被他人公平、平等地对待。在过西方传统节日时，他们更多地感受到了人与人之间的平等关系以及独立个体的存在感，这样的节日氛围使他们更加惬意和舒适，因而也更加愿意参与其中。

此外，西方传统节日中所具有的享乐主义思潮也受到了国人的追捧。萧放教授曾在一次节日研讨会上指出了娱乐元素对于节日本身的重要性，并认为节日之中如果没有能够充分感染人们情绪，调动人们情感的娱乐活动，那么这个节日也就失去了应有的生命力和吸引力。相比我国传统节日中厚重的伦理道德，西方传统节日的核心是尽情享乐和纵情狂欢。现代社会生活节奏快，工作压力大，人们更加希望通过节日放松身心，而不是面对伦理道德的老生常谈。中国人节日观调查报告在对我国民众过西方节日的原因进行排序时发现，首要原因便是"生活压力大，希望找机会让自己休息"。同样，谢莎等人在 2015 年针对大学生群体就圣诞节消费原因进行调查时发现，有超过半数的被调查对象选择了"自身需要（泄压、追求品牌等）"，占总人数的 57%，位列各项原因之首①。以同样与逝世的人密切

---

① 参见：谢莎，莫海琼. 用约翰·菲斯克大众文化理论分析"洋节"消费现象 [J]. 商，2015（3）：113.

相关的清明节与万圣节为例，二者节日习俗的不同决定了民众对于节日态度的差异。清明节扫墓、祭祖等活动使得人们心情沉重，节日氛围庄严肃穆；而万圣节狂欢游行活动则使得人们心情愉悦，节日氛围轻松愉快。显然，相比于在墓地旁的"慎重追缅"，人们无疑更加希望轻松愉悦地度过一个节日。同时，国内民众希望借节日之机尽情享乐的特点也被国内商家充分挖掘，他们通过花样繁多的打折和促销活动，吸引大量民众进行节日消费。久而久之，人们也逐渐习惯并热衷于在西方传统节日期间，通过到商场购物、到饭店就餐以及到影院观影的方式来放松身心。刘子靖(2015)[10]用经济学的边际效应递减法则对这一现象进行了诠释，"每逢洋节来临之际，商家就通过广告对'如何消费洋节'这类信息大肆宣传，将'洋节消费'深深地植入人们的神经，为众多消费者提供消费的理由"。

二、西方传统节日文化在我国传播的模式与路径

（一）传播策略的"本土化"

众所周知，浓厚的宗教属性是西方传统节日价值体系中最为核心的部分，绝大多数西方传统节日或直接起源于宗教传说，或后经教会有意识地赋予宗教色彩。在我国比较流行的西方传统节日中，圣诞节是基督教徒为纪念耶稣诞生而设立的节日；情人节是基督教会领袖出于扩大宗教影响力的目的而将其与基督教殉教者圣·瓦伦丁联系在一起的节日；复活节是信徒们纪念耶稣死而复生的节日；万圣节是罗马天主教为纪念所有活着和已故的教徒所设置的节日；感恩节最早是英国清教徒与万泊诺亚格印第安人为感谢上帝的恩赐和眷顾而举办的丰收宴会。其中，圣诞节、复活节与纪念耶稣三次向世人显示其神性的主显节一并，被称为基督教历史上最为悠久的三大宗教性节日。

相反，在我国，民众长期以来所遵循和信奉的是一套以儒家思想为基础的，讲求长幼尊卑秩序的伦理型文化。西方传统节日在传入我国后，为了能够产生广泛影响并获得我们更多人的认同与参与，在传播其节日内涵时不得不根据实际传播环境进行一定程度上的"本土化"改造以适应中国的社会和民众。而对节日改造和重构的过程则是由传播主体与节日参与者通过双向互动共同完成的。

从节日传播主体的角度来看，在将西方传统节日引入我国时，为了使其能够获得生存与发展的空间，节日传播者从一开始就有意识地采取了一种巧妙的"因地制宜"的传播策略。在实际传播过程中，节日传播主体通过人为地、有目的有意图地对节日中所含有的大量宗教成分进行削减和淡化，强调和突出节日中"人"的因素。经过调整，原本作为西方社会的宗教性传统节日"转型"更具普世意味的狂欢性节日，从而成功地实现了西方传统节日在我国的"本土化"改造。从心理学上讲，人在接触新事物时，最容易接受和产生共鸣的必然是与其自身生活经验具有一定交集的部分，交集部分越多，新鲜事物越容易被接受。而当新事物与主体在精神层面及意识形态方面存有明显差异时，通常情况下主体会在心理上产生抵触及反感情绪，进而表现出远离或回避的行为。从传播学角度来看，传递信息的具体环境对最终传播效果的获得也具有极为重要的影响。所传递的信息如果在具体的传播环境中无法与信息接收者建立经验层面上的联系，信息接收者就不会对信息产生回应，传播效果也就无从实现。因此，西方传统节日在我国进行传播时，如果将其节日文化全部原封不动地直接移植到我国国内，我国民众必然无法顺利接受。

实际上，回顾历史可以发现，早在明末清初之时，天主教耶稣会通过在我国多年的传教经历早已摸索出一套"因地制宜"的传播策略。当时，以利玛窦、汤若望为首的众多耶稣会士奉教会命令前来中国传教，希望劝服我国民众信奉上帝，皈依天主教。但事与愿违的是，由于中西方文化上的巨大差别，最初的传教过程历尽坎坷，传教士们想尽各种办法也未能取得理想的传播效果。最终，传教士们不得不根据中国国内具体的传播环境进行调整，放弃了最初让中国人全盘接受天主教的想法，转而开始寻求中国传统文化中与其宗教文化中所具有的共通性与相似性，试图通过发现两者的契合点和交集来逐渐影响我国民众的思想意识，进而说服其皈依天主教。例如，传教士们将大量的教会刊物及著作翻译成中文并广泛散播，方便我国民众进行传阅；同时，对我国孔孟老庄的哲学思想及文学著作进行研习，寻找其中与宗教文化相通的地方，在传教过程中反复强调和突出二者的同一性；在日常起居与生活方面，传教士们也开始穿汉服、蓄胡须、留头发，并在饮食、礼仪、风俗等方面与我国民众保持一致，表明对宗教的信奉不会影响到人们的日常生活和工作。经过对传播内容和传播策略进行一系列调整和改造之后，天主教在我国所吸纳的教徒人数才逐渐有所增多。忻剑飞将传教士们的这些举动概括为基督教的"华化"传教方针。

从节日参与者的角度来看，我国民众也并非如"弹靶"一般对西方传统节日的文化内涵全盘接受，而是根据自身需要主动地对节日的意义及功能进行重新界定和建构，充分体现出作为受众的主观能动性和自我意识。其中，最为明显的便是在西方传统节日期间，绝大多数国人不会到教堂举行仪式或做弥撒来纪念耶稣，也不会在节日盛宴开始前做祷告来感谢"上帝"的恩赐。即使国人偶尔表现出上述行为，更多情况下也是受好奇心理的驱使，而不是出于对宗教信仰的虔诚。与此形成鲜明对比的是，在西方社会，节日期间人们几乎都要到教堂去参加各种宗教仪式和活动，即使因客观原因无法前往教堂，人们也要适时地在自己心中进行祷告，以显示其对"上帝"的虔诚。对此，陈兴来（2012）[14]针对西方节日在我国传播所出现的"本土化"情形进行深入研究后指出，"在不同文化交流中，处在不同文化领域的人们依赖自身现有的观念和行为习惯应对和适应外来文化……中西方文化观念的差异导致了中国人对西方节日采取了接纳与摒弃的态度"。而谢莎（等，2015）[113]则运用约翰·菲斯克（John Fiske）的大众文化理论做了进一步地阐释，"从约翰·菲斯克大众文化理论来看，大众（国人）的洋节消费行为并非无意义，而是大众对洋节日原有的意义（多为宗教意义）进行了颠覆与抛弃，在重新结构的过程中创造了属于自己的快感"。

因此，西方传统节日在传入我国后，一方面吸取了当年天主教的传播策略与经验，并未一味地固守其宗教内涵，而是根据我国具体的传播环境审时度势，为迎合和吸引更多的节日参与者采取了"因地制宜"的传播策略。另一方面国内民众也根据自身需求和喜好对西方传统节日的文化内涵及社会功用进行了重新建构。这两点因素共同作用最终使得西方传统节日在我国实现了"本土化"的调整与改造。

（二）传播内容的具象化及商品化

西方传统节日文化内涵的高度具象化及商品化是其在我国得以顺利传播的重要保障之一。首先，具象化的节日符号具有高度的象征性和代表性，每个节日中都有与之相对应的节日符号。这些节日符号使得整个节日更加立体、更加直观，看得见摸得着，既在时间上展开也在空间中延伸，具有更高的识别度和更为明确的指向性，极大地方便了国内男女老少在最短的时间内快速熟悉、记住西方传统节日。其次，具象化的节日符号还巧妙地避免了中西方在文化理念上所存在的差异以及西方传统节日中所含有的大量宗教内容，使得国内民众在不了解西方宗教文化的情况下依旧能够获得良好的节日体验。采用这种传播方式，仅仅几年，西方传统节日及其符号在我国就已无人不知，无人不晓。如一提及圣诞节，人们必然会在第一时间联想到圣诞树、圣诞老人、麋鹿、圣诞袜；谈到情人节，人们必然会提起传达爱意的巧克力和玫瑰花；复活节则使人们想起彩蛋和兔子；万圣节的南瓜灯无疑令人印象深刻，而感恩节的火鸡大餐同样令人回味无穷。尽管大多数国内民众并不知道圣诞老人的历史由来或万圣节南瓜灯所具有的宗教含义，但这并不影响人们通过这些节日符号唤起愉快的节日记忆和回忆起温馨的节日场景。因此，每当西方传统节日临近，相应的节日符号开始出现在街头巷尾之时，浓厚温馨的节日氛围就能够轻而易举地营造出来，国内民众也能够很容易地意识到节日的来临。

实际上，这种节日具象化的传播方式同样也得到了我国节日研究专家及学者的肯定和认同。例如，《弘扬节日文化研究》① 课题组于 2011 年 1 月 25 日在京举行高层次学术专题研讨会，邀请包括文化部、中国文化报社、中国社会科学院、中国艺术研究院、北京大学、中央民族大学、北京师范大学、北京市文史馆、中国非物质文化遗产保护中心等在内的多家学术机构和高等院校的节日研究专家及学者围绕节日符号的方方面面进行了深入的探讨。节日符号对于弘扬传统节日文化具有决定性意义由此可见一斑。

西方传统节日被具象化为一种或几种节日符号后，为其进一步商品化提供了必要的前提和基础。出于社会交往、人情世故、礼尚往来的需要，民众借节日之机向领导、同事、亲戚、朋友等赠送节日礼品的习俗由来已久，因此节日期间消费欲望要明显强于平日。在商品市场发展日趋成熟，商业运作意识日益增强的今天，将节日符号转化为节日商品无疑是市场经济的必然要求和合理选择。每逢节日期间，各种节日食品、节日服饰、节日玩具、节日服务琳琅满目，令人眼花缭乱、目不暇接。而由各种节日符号所衍生出的花样繁多的节日商品由于具有更为特殊的价值及意义，无疑

① 2010 年度国家社会科学基金艺术学委托项目，编号：10JG002。

为广大民众在进行节日消费时提供了更加丰富和多样的选择。例如,人们在情人节期间购买具有精美包装的巧克力或玫瑰花赠送给心仪对象,既能够充分表达爱意,又能够增添浪漫气息;子女在母亲节、父亲节期间向父母赠送写满祝福话语的节日贺卡,既能够彰显内心对于父母无限的关爱,又能表达自己平日里由于工作繁忙而忽略父母的愧疚之情。这种在特殊时日赠送具有特殊含义礼物的方式,对于个人情感的表露具有极大的优势。因此,每逢节日期间,各式各样的与西方传统节日文化相关的衍生礼品迅速占领商品市场,极大地吸引了国内民众的注意力,为西方传统节日在国内的传播打下了坚实的基础。

(三)国内商家与媒体的推动

如前所述,西方传统节日中浓厚的宗教属性几乎被完全解构,节日的消费属性因国内民众的需要被完全地保留和突显出来。同时,西方传统节日符号的普及为其转化为节日商品提供了保障,诱使国内商家与媒体每逢西方传统节日来临之际都要对其进行一番大肆宣传和炒作。最终,商家与媒体携手催生并引导了民众节日消费的外在行为,满足了民众追逐潮流的心理诉求。

商家逐利的天性使其在第一时间内就捕捉到了西方传统节日中所存在的巨大商机。为此,在节日来临前很长一段时间,国内商家会对其店铺进行全面的装饰,营造出浓厚的节日氛围,尽可能地吸引民众驻足围观。例如,每年在圣诞节到来前的很长一段时间,挂满彩灯和装饰品的圣诞树就已然出现在国内各大商家门店前,工作人员装扮成圣诞老人的模样在商场门口上向过往的路人发放礼品及糖果,与大家一起合影。商家们争先恐后地宣传节日的情形,使人们在心理上产生了一种对节日的期待感,盼望着节日的到来。同时,令人眼花缭乱的促销信息以及打折活动,进一步强化、引导了民众的消费欲望与消费热情。从近几年国内实际情况来看,圣诞节、万圣节来临时，绝大多数的主题公园、游乐园都会举办花样繁多的节日狂欢派对，或推出新颖的娱乐活动；情人节期间国内的各大影院、剧场、音乐厅以及餐厅等休闲娱乐场所也会适时地推出情侣专场、情侣套票或情侣套餐等众多优惠内容。由此可见，西方传统节日所带来的经济效益已然成为国内商家获得利润的重要渠道。

与此同时，国内媒体出于多种因素的考虑，在西方传统节日期间，也开始频繁地通过各种媒介平台对节日的方方面面进行大幅度地宣传与报道，报道的规模及频度明显呈逐年上升的趋势。随着宣传频度的不断增强，与西方传统节日相关的各种字眼在各大主流媒体上反复出现，加剧了国内民众对于西方传统节日的关注与好奇。其中，最为突出的例子便是在2006 年圣诞节前夕，来自北京大学、清华大学、中国政法大学、中国人民大学、武汉大学、南开大学、中山大学、北京师范大学以及中国科学院等国内知名高等院校和科研单位的十位哲学和教育学博士发出联合署名倡议书，号召民众谨慎对待圣诞节，抵御西方文化的入侵与扩张。倡议书经媒体报道后迅速引起了社会各界的广泛讨论。虽然倡议书本身对国人过西方传统节日持强烈的批判态度，然而各大媒体竞相报道此事所营造出的氛围和声势却使得国内民众对西方传统节日更加好奇，即使从不过圣诞节的民众也会因此意识到圣诞节在国内的巨大影响力。根据哥伦比亚大学菲利普斯·戴维森（W. Phillips Davison）教授的"第三者效果"理论①，国内媒

---

① 菲利普斯·戴维森在一篇题为《传播中的"第三者效果"》（The Third – Person Effect in Communication）的文中明确提出"第三者效果"的概念。"第三者效果"理论假设："劝服传播所面对的受者（不论这一传播是否有意地劝服）会认为这种劝服对他人有更大的影响，而不是他们自己。而且，也不论他们是否是讯息的直接受众，他们所预期的对他人的效果将使他们自己采取某种行动。任何传播效果与其归于直接受众的反应，不如说是来自那些预期或自认为观察到他人的反映的人的行为。"

体在西方传统节日期间所进行的一系列宣传和报道，使民众对于西方传统节日的关注度和认知度较以往大为提高。同时，在大众媒介传播的影响下，民众会产生一种错觉，认为周边的人会主动参与到节日之中，自己如果不像其他人一样参与节日就无法跟上时代的潮流，由此导致人们争先恐后地投入到西方传统节日之中。因此，不容否认的是，国内的商家及媒体出于自身发展需要，将西方传统节日作为一大契机进行市场化、商品化经营，无形之中成为西方传统节日在我国传播的重要推手。

第五节　小结

综上所述，本章从环境、政府、媒体及西方节日四个维度针对我国传统节日对外传播进行了详尽论述，并分析了当下我国传统节日对外传播的实际效果。从国内环境来看，国人传统文化自觉意识不断增强，非物质文化遗产保护机制逐渐完善，以及地方节庆经济发展模式日趋成熟为我国传统节日对外传播提供了有力的内部支撑；从国际局势来看，多元文化并存，文化安全问题凸显，以及东西方文化的认同与互补为我国传统节日对外传播创造了有利的外部局势。

在这种情况下，我国政府重点打造了代表了当前我国传统节日对外传播的最高水准的大型文化对外交流活动——"欢乐春节"。"欢乐春节"在异国他乡的成功举办，推动了双边关系的进一步发展，在互动过程中增进了我国与其他国家相互间的了解与信任。此外，"欢乐春节"为世界各地民众带来文化盛宴的同时，也为中华文化提供了同世界其他优秀文化相互学习与交流的机会，使双方对彼此文化精髓、价值理念有了更加深刻的认知与理解。"欢乐春节"能够取得上述效果主要可以归结为三点：第一，由政府主办，海内外相关机构全力配合；第二，多项活动在世界不同城市同时开启；第三，海内外媒体通过各种渠道对活动进行频繁报道。然而，就"欢乐春节"实际传播效果来看，活动所能接触到的受众人数、辐射面、覆盖范围相对有限，并且耗资过于巨大，无法推广运用到我国其他传统节日的对外传播过程中。

除政府打造的"欢乐春节"活动外，我国官方媒体在传统节日对外传播方面也扮演了较为重要的角色。通过对人民网及中国日报网的研究表明，汉语网站在对外传播我国传统节日相关内容时，往往能够保证报道来源及内容的丰富性与多样性，但报道篇数不足、语言交流障碍等因素大大降低了实际的传播效果；英文网站虽然对我国传统节日进行了大量报道，但程式化的报道模式使报道来源及内容过于单一，海外民众无法获得更多与我国传统节日相关的深层信息。因此，总的来说，国内外局势对我国传统节日对外传播的展开极为有利，但当前我国传统节日对外传播的实际效果与具体投入不相匹配。

对此，笔者认为西方传统节日在我国传播的经验是我国传统节日对外传播过程中极为重要的辅助资源，其在我国得以传播的原因值得分析和思考，其在我国的传播模式值得学习和借鉴。本研究认为，西方传统节日之所以能够传入我国是内外因共同作用的结果。其中，内部原因主要是传统节日体系的断裂以及节日文化记忆的缺失；外部原因主要是西方文化与经济在我国的传播以及西方传统节日的自身特性。在西方传统节日传入我国后，其文化内涵经历了"本土化"的调整，并在国内商家和媒体的推广下，使得具象化、商品化的节日文化广为人知。

第五章

我国传统节日文化对外传播的发展方式

　　不论设置何种目标和计划，不论制定何种对外传播策略，传播效果及传播目的的最终实现离不开详细具体的传播措施及路径选择。目前来看，我国传统节日要想取得令人满意的对外传播效果，不仅需要在传播链条的各个环节及要素上花心思，同时还要在熟悉处于不同文化圈层的人们的心理特性及行为习惯上下功夫。

　　对此，在对外传播过程中，首先应明确传播内容（即凝炼我国传统节日文化内涵），同时创新节日文化产品（为节日传播及节日文化内涵的表达提供更为全面的支持与保障），并在此基础上保证节日对外传播的持续性，最终打造形成内有思想外有载体的优质节日品牌。其次，我国传统节日要想在国际社会上获得更为广泛的影响力与知名度，除节日本身具有极大的吸引力外，同样离不开大众媒体的宣传与报道，应在加强国内媒体国际影响力的同时积极与西方媒体进行交流与合作，进一步加大我国传统节日对外传播的力度。再次，信息技术的跨越式发展使得互联网等在内的众多新兴媒体迅速涌现，信息发布成本及技术要求的降低使得传播主体多元化的趋势成为必然，二者相互作用、相互影响极大地丰富了信息传播的渠道与传播方式，我国传统节日在对外传播过程中应及时适应这一潮流及趋势，并对此加以合理利用，积极地参与其中，拓展、丰富传播主体与传播渠道。同时，在对外传播过程中，应高度重视处于不同文化圈层的节日参与群体所具有的不同文化心理及诉求，注重信息表达的准确性，尽可能地采用对方的习惯及方式进行诠释与呈现，从而最终实现节日的"因地制宜"。最后，为了能够使我国传统节日在对外传播过程中获得长远地发展与成功，应在受众反馈、研判西方媒体相关报道、建立传统节日对外传播效果评估指标与体系以及丰富传播效果评估的方式及方法等环节上下功夫，不断加强对外传播效果的研判与评估。

第一节　节日品牌策略

由于种族、语言、思想及行为等众多方面的差异，除少数节日研究专家外，国外民众对于我国传统节日大都比较陌生、知之甚少，而真正具有相通性及共性的文化理念和哲学思想恰恰深藏在令人眼花缭乱的节日表征之下，是无法通过简单、短暂、零散地接触和体验所能感受到的。同时受"文化中心主义"思想及倾向的影响，海外民众（以西方民众为代表）更倾向于通过参与诸如圣诞节、感恩节及万圣节等在内的西方传统节日来释放情感，获得心理满足和精神慰藉，并无太多的兴趣和理由主动参与到与本体文化具有较大差异性的外来节日（如我国传统节日）之中。即使如前所述，随着越来越多的海外留学生及外派人员的足迹遍及世界各地，华人华侨群体国际影响力和社会地位不断提升，一切与中国有所关联的元素都开始变得炙手可热、备受追捧，但对于中国"洋节"，外国民众更多的也只是停留在"看热闹、图新鲜"的表层参与之中，这种对于节日文化的"猎奇"并不代表和意味着就是对我国节日文化的接受，因而对于理解和领会其中更深层次的文化意蕴与哲学思想还有很大的距离，仅仅依靠人际传播及组织传播（如驻外使领馆、唐人街、中国留学生学生会、华人工会等）无法获得更为深远的传播和影响。

王春雷（等，2010)[14]在对我国节庆产业发展整体情况进行研究时指出，"我国节庆活动数量众多，各类新节庆层出不穷，然而，在众多节庆活动中，具有国际影响力的品牌节庆却屈指可数。绝大部分节庆活动规模小、档次低，甚至还出现了鱼龙混杂的现象，不仅没有产生应有的社会效益和经济效益，而且极大地浪费了各种社会资源。与节庆产业发达国家相比，我国节庆的品牌知名度整体较低，举办届数短，能持续举办并发展成为国际性节庆活动的更是凤毛麟角"。目前来看，通过有目的、有意识地打造多个具有高知名度、高影响力以及高参与度的节日品牌，系统地向外国民众主动呈现、推介我国优秀传统节日是我国传统节日对外传播的必然选择及关键所在，应通过国际化包装和品牌化运行，把继承传统优秀文化又弘扬时代精神、立足本国又面向世界的当代中国文化创新成果传播出去。而从目前全球节庆产业发展情况及我国传统节日对外传播具体情况分析来看，打造节日品牌应从以下四个环节下手。

一、凝练节日文化内涵

随着社会的发展、时代的变迁，中国传统节日传承至今历经千年洗礼，其中所包含和承载的内容可谓是包罗万象、应有尽有。同时由于中国地域宽广、民族众多，在过传统节日时，人们往往也会根据自身所处地域、所属民族及所属阶层的具体特点和传统，在节日主旨基本保持一致的情况下，形成一些具有差异性的节日习俗，使得节日内涵更加的丰富与多样。例如，元宵节是我国民众的"狂欢节"，集会是民众参与节日庆祝和狂欢过程中必不可少的重要一环，全国各地无一例外，然而稍加留意便会发现，各地集会的特点却是不尽相同、各具特色：在北京，正月十五会有多个不同特点和特色的花会；在广州，除了花会外，还有舞狮会、高跷会、腰鼓会、小车会、竹马会等；天津则有法鼓会；滨州有说书会……全国各地根据自身的条件和特点形成独具地方特色的节日集会。再如祭祀祖先是每个民族重要的传统礼仪，要在特殊的日子及特殊的场合举行隆重的仪式，有的民族甚至逐渐形成固定的"祭祖节"，如拉祜族于每年的七月十三日至十五日举行祭祖节；布依族的在七月九日至十三日；畲族的祭祖节则一年举行四次，分别在正月十四、二月十五、七月十五及八月十五日。虽然各民族祭祀的方式方法有所区别，但其中所传达出的对于祖先的敬畏及追缅，以及祈求先人庇护的思想确是别无二致。

在同一文化圈内进行交流与传播时，由于民众拥有共同的文化基因与血脉，加之长久以来对于传统节日文化深层内涵的熟悉与理解，具有差异性的节日活动并不会使异地受众或不同民族的人们产生过多的分歧和异议，因为在各具特色、各有差异的节日活动表象之下，更深层次的文化理念与哲学思想自始至终保持着高度的统一性。然而当我国传统节日对外进行传播时，通常情况下，节日受众处于另一文化圈层内，传受双方本身具有极为明显的差异性，如果将传统节日中的全部内容原封不动地呈现在外国民众面前，无疑会使其眼花缭乱，产生困惑与不解。如中国有十二生肖，春节的吉祥物及文化产品通常会以当年的生肖属相为主题进行设计，这对于国人来说是司空见惯的事情，然而海外民众并不了解中国的生肖属相，他们所能看到的就是一个节日出于难以理解的原因始终在不停地变换其吉祥物与标识。再如前述关于节日名称译法的问题，除少数节日研究专家外，对于大多数国人来说，"年""中华年""农历新年""春节"等词汇所表达的含义是一致的，具有约定俗成的文化相通性，国内媒体的各类报道中通常也会频繁地交替使用不加区分。然而，当春节传播至海外时，这种情况就会引起较大的问题。海外民众并不具备国人所共有的心理、文化定式及社会共同经验，因而也就无法理解 Spring Festival，Chinese New Year，Chun Jie，Lunar New Year 这些词汇所指代的含义到底有何相同，又有何不同。笔者在外留学期间，就曾多次亲身经历外国友人带着迷惑的神情询问这些内容到底有何区别又有何意义的情况。这种由称谓使用不统一造成混乱的情况在历史上也曾出现过。在新中国成立初期，日本对于中国的称谓也曾经一度出现了混乱，当时日本社会对于我国的称呼有"中华民国""中华人民共和国""中共""中国"等，日本学者对这一现象加以研究后指出，这种对于称谓的混乱使用更多的是由于日本民众对于中国认识上的混乱所致。由此可见，统一的称谓对于传达准确思想和内容具有十分重要的作用。

正如费孝通（2013）[102]所讲，"文化的用处就在使我们做人处世时毫不费力而全合符节。可是正因为文化的基本价值体系是深入了我们的习惯，不必我们费力思索，所以生活在一个文化体系里的人，对于日常实践的标准也时常是最不自觉的。我们的习惯不需要理由，这可并不是说养成习惯的文化没有原则。我们不自觉自己文化的原则是因为在日常的生活当中，没有这需要。可是一旦我们和不同文化接触，我们需要互相谋适应的时候，却得各自检讨自奉的原则了"。很明显，在一种文化圈层内不言自明的意义和概念在传播至另一文化圈层内时，如果传播主体不对其进行有意识地界定与说明就会引起极大的误会和混乱。因此，要想成功打造我国传统节日品牌并被外国民众所认可和熟悉，首先应该凝练我国传统节日中的众多文化内涵及哲学思想，在新闻报道中及海外举办节日活动时，简化、精化对外传播及呈现的节日内容，避免大而全，强调小而精，优先选择节日中具有视觉、听觉吸引力和冲击力，同时又蕴含有人类共性的深层文化思想及哲学理念的节日活动及仪式。

二、创新节日文化产品

"年俗西扩"使得带有中国特色的节日商品在全世界范围内风靡一时。如今，每逢年节期间，外国民众已然可以相当方便地在当地超市的货架上、商场的橱窗里找到、看到、买到诸如春联、灯笼、剪纸等众多春节文化产品。然而与西方传统节日的众多文化产品相比，我国传统节日的产品远未达到为世界各地不同文化背景的人们所熟知和接受的程度。如前所述，西方传统节日之所以能够在全世界范围内风行，其中圣诞树、圣诞老人、圣诞歌、巧克力及玫瑰花等众多节日元素及文化产品在节日传播和推广过程中起到了功不可没的作用，相较于抽象的思想观念，具有视觉、听觉、触觉或味觉的直观节日文化元素和产品更加容易被广泛地接受和传播，节日文化产品在节日文化对外传播过程中具有不可替代的作用和地位。单波（2011）[106]在对文化特性进行研究时指出，"文化具有对符号的依赖性。文化总是依赖特定的语言、文字、肢体语言、图像、符号、声音等符号系统来传播，表现着独特的语意"。而人们的日常生活经验也对此进行了很好地检验，在现实生活中，无论走到哪个国家、哪所城市，我们都可以发现，一旦圣诞铃声响起，圣诞树上的霓虹灯开始闪烁，就会立刻唤起人们，不论男女老少美好、温馨的节日记忆。节日里，亲情、友情、爱情不断地通过圣诞老人、火鸡大餐、玫瑰花、节日贺卡等众多设计精美、制作精良的节日文化产品在家人、朋友及爱人间相互传递着，反复地向人们强调着、述说着每个节日所具有的与众不同的文化内涵及价值观念。目前来看，随着经济的发展和人民生活水平的提高，挑选、购买、赠送节日礼物已然成为现代人参与节日、感受节日过程中一项必不可少的仪式，而为民众提供种类丰富、质量上乘的节日文化产品无疑能够有效地提升民众对于节日的参与感与依赖感。

反观我国，在海外举办传统节日活动时，传播策略依旧停留在通过向海外民众展示、展演各种传统节日仪式、活动及内容来宣传我国传统文化思想精髓的层面，对于节日文化元素的深度挖掘，节日产品的设计、开发、推广与销售尚处于较为初级的层面。以在海外成功举办多届的"欢乐春节"为例，其中形成的众多子品牌活动也多以文艺表演为主。而根据不完全统计，通常情况下，人们在参与节日活动时，会有近三分之一的民众选择购买节日纪念产品。设计精美、制作精良、包含节日文化内涵的产品既能够帮助节日活动取得一定的经济效益，同时对于节日影响力的进一步扩大也具有潜移默化的推动作用。中央民族大学阮静教授在接受笔者采访时也指出，"目前，我国传统节日文化产品在海外的推广还处于自娱自乐，自我欣赏的阶段，在未来发展过程中应着力打造面向世界、体现中国文化的节日产品，并形成国际化、规模化的节日文化产品产业链，如此才有可能从实际传播效果层面给我国传统节日文化的对外传播带来巨大的推进作用"。因此，在我国传统节日对外传播的未来发展过程中，应积极转变思路，不仅要通过展示、展演的方式向海外民众传播我国传统节日文化精髓，更要将节日文化中所蕴含的丰富的人文关怀和哲学理念有机地融入具有高度吸引力的节日文化产品之中，让世界各国人民也像过西方传统节日一样，能够借助我国传统节日的各类文化产品满足自身的精神寄托与诉求。而针对传统节日文化产品的设计，应在统一节日思想、凝练节日内涵的基础上推陈出新，在坚守核心文化传统、保持传统风格的同时，大胆触摸国际时尚潮流，将我国传统节日中所拥有的众多内容与现代元素有机融合，设计制作出与当下国际社会消费观念相一致的，具有现代化、国际化特点的传统节日文化产品。

三、保证节日传播的连续性

节日品牌的打造离不开节日活动的连续举办。节日活动举办时间越悠久，举办次数越多，其中所蕴含的文化内涵与价值积淀才有可能愈发厚重，活动参与人数及媒体的关注与报道才会越来越多，节日知名度及影响力才会愈发深入人心。目前来看，凡是以文化或艺术为主的、享有较高声誉及影响力的节日活动，无不具有历史悠久、举办届数长的特点。例如，美国玫瑰花节（Pasedena Rose Festival）从 1890 年开始，至今已成功举办123 届，从最初只有 3000 人参与的一项地方性活动逐渐发展成为上百万民众参与的全球性盛典；苏格兰爱丁堡国际艺术节（Edinburgh International Festival）从 1947 年开始，至今已经举办 66 届，从最初的为丰富人民文化生活的艺术节最终发展成为世界上最为重要的节日文化庆典之一；荷兰鹿特丹夏季嘉年华（Zomercarnaval）从 1984 年开始，至今已成功举办 31 届，一举成为堪与柏林文化嘉年华及伦敦诺丁山嘉年华比肩的世界级节日盛会……

有鉴于此，我国传统节日走出国门在海外举办各类文化交流活动时，应从长远发展角度出发，高度重视节日活动举办的连续性，力争在同一地区连年定期举办传统节日活动，使该地民众能够有机会长期、多次地参与到我国传统节日中来，从心理层面上培养其参与习惯，使体验、享受我国传统节日逐渐成为其一种生活方式，一种生活习惯，甚至是其生活中必不可少的一部分。

四、借鉴西方节日管理思路及运作理念

数量少是目前我国各地举办节日活动过程中所存在的主要问题和普遍

现象，而这一节日活动发展思路也自然而然地延续到了我国在海外开展的传统节日活动之中。还是以"欢乐春节"为例，虽然每届"欢乐春节"在名义上都会成立专门的活动组委会，负责节日活动中各项事宜的协调与组织工作，但在实际执行过程中依然主要由政府相关部门进行严格审查和把控，并按照行政方式对整个节日活动进行管理与运作。这种方式使得在整个活动进行期间，参与其中的为数众多的各类组织、企业、演出团体及相关机构时常受到来自政府层面的行政化干涉与管控。最终，由于政府角色过重、介入程度过深，使节日活动不可避免地带有明显的政治意图和浓厚的宣传意味，其他各类资源所能够发挥的空间受到极大的限制和挤压，其他参与主体的积极性均受到不同程度的打击和损害。

反观欧美一些国家，大部分的节日活动都被非营利性组织和机构所组织和管理。例如，在法国，早在 1914 年起，传统节日文化活动的举行与保护工作就已开始通过委托民间组织管理的方式进行运作。目前，法国全国上下已经拥有约 18000 个与此相关的组织和机构，其中比较著名的有古迹信托（La Caisse nationale des Monuments historiques et des Sites）、青少年与文化遗产古迹国际协会（Jeunesse & Patrimoine international）、历史建筑促进会（La Demeure historique）、法国传统宅院促进会（Les vieilles Maisons francaises）等（顾军 等，2005）[47-48]。非营利性组织替代政府相关部门作为节日活动的组织者与管理者，是节日活动发展趋于成熟的重要标志之一。通过这种方式举办节日活动，既能够有效地消除和避免节日活动中掺杂不必要的政治因素及宣传意味，同时还能够更加注重协调和维护节日活动中相关利益者之间的关系。众所周知，通常情况下，举办一项大型节日活动无疑要涉及众多的、来自不同领域的利益主体①，而掌握好各个利益主体的得失以及协调好各个利益主体间的相互关系也是节日活动能够得以顺利、长久地举办的关键性因素之一。此外，去政治化的另一大好处就是，主办方再组织节日活动时，能够将工作重心及注意力集中在如何为观众创造独特而难忘的体验和经历方面，而不是费尽心思地思考如何通过节日活动实现一定的政治效益，如何让上级领导满意等与节日本身并不相干的问题。因此在整个活动过程中，他们会更加关心节日参与者的身心体验，将注意力集中在节日的互动效果、反馈投诉等环节，这对于节日活动开展的良性循环具有至关重要的作用和意义。

此外，从节日活动的市场运作能力来看，我国在海外开展的传统节日活动同样也尚处于形成品牌的初级阶段。资金筹措极为单一，盈利能力几乎为零，是目前我国在海外举办传统节日活动的基本现状。每年节日活动举行规模的大小，活动内容的多少，以及活动举办时间的长短完全依赖和受限于政府预算，对于节日期间各项活动的门票、广告资源、活动冠名权等商业资本运营理念极为淡薄和落后，缺少成熟完善的节庆产业运营经验。反观国外各类大型节日活动，由于拥有较为成熟的节日产业发展模式及资本运营理念，主办方能够灵活地将各种赞助商的名称及标志贯穿于整个节日活动之中，使赞助商的形象与活动的主题及内容进行有机结合，帮助赞助商从经济层面及社会层面实现丰厚的投资回报。这样一来，赞助商也更加愿意将资金、商品以及服务积极地投入到节日活动之中，而知名企业及赞助商的积极投入与参与本身也是对节日活动的一种宣传，能够吸引

① 包括地方政府、当地居民、节庆活动组织者、赞助商、酒店、餐厅、旅行社、俱乐部、表演团体、票务机构以及志愿者组织等，一次成功的节庆必须综合考虑和平衡不同利益主体的需求。参见：王春雷、赵中华. 2009 中国节庆产业发展年度报告 [R]. 天津：天津大学出版社，2010：51.

更多的节日参与者，进一步提升节日品牌的知名度、影响力及美誉度。"以节养节、以节强节"正是通过节日主办方与赞助商之间的良性互动而逐渐形成的。然而，如果节日活动一味依靠每年政府的财政拨款，势必无法保证长期持续稳定地运行，更谈不上品牌的形成及影响力的提升。因此，我国传统节日要想在海外打造具有国际影响力的节日品牌，获得更为长远的发展，理应在提高节日活动的创收能力方面花力气、下功夫。

诚然，在海外开展的节日活动，其管理及运作过程中所需的成本，所遇到的困难及复杂程度要远远高于在国内开展的各类节日活动。此时，节日活动不仅仅是一项简单、普通的文化活动，同时也是一项跨国外交活动，其中不可避免地会涉及大量繁复的对外沟通及活动对接工作，工作量之大、事宜之繁复远远超出了任何一个单一的组织或机构的能力范围。因此，在节日活动举办初期，节日活动能否成形完全有赖于政府相关部门出面进行组织与协调。此时采取"政府主办"的发展模式利大于弊，能够在最短的时间内，以最高效率协调各方资源，保证节日活动在海外的顺利开展。而当节日活动连续举办一定届数，发展到一定程度和规模，并初步具有一定的海外影响力及品牌效应时，则应及时转变节日活动的管理思路及运作理念，从最初的"政府大包大揽"模式转向"政府主导、市场运作、社会参与"的发展模式。具体来说就是，在开展节日活动时，政府方面应逐步淡化其主体地位与作用，转向发挥政策引导及外事协调职能；同时成立专门的节日组委会，或聘请专业的节庆公司作为总代表，负责节日活动的总体策划与整体筹备工作；通过市场化运作积极地与各类企业及赞助商进行商业合作，提升节日活动的盈利能力，并在此基础上，充分发挥和调动企业、市场及社会参与节日活动的积极性。

因此，我国传统节日在对外传播过程中，如果想要打造形成具有国际影响力的对外节日品牌，首先应有意识有目的地凝练、精化我国传统节日的文化内涵，明确传播的具体内容及传播的先后次序；其次要创新节日文化产品，为传播内容提供有效的传播载体；而后应保证节日活动在海外连年开展与举办，为节日活动影响力的持续提升和扩大提供必要的支持与保障；最后还要积极地学习和借鉴西方品牌节日活动举办的成功经验，及时转变当前我国传统节日在海外发展的管理思路及运作理念，使得节日活动的连续举办以及节日品牌的最终形成成为可能。需要明确指出的是，节日品牌的打造是一项系统工程，上述任何一方面的缺失与薄弱都会影响到节日的整体功效。

第二节 媒体海外拓展策略

此外，加大媒体对节日的传播力度同样也是提升我国传统节日在海外获得影响力及美誉度的重要手段。虽然对节日本体的改造与完善能够打造具有国际竞争力的品牌节日，但仅仅依靠节日自身的发展无疑在传播范围及辐射力方面远远不足。在大众传播广泛普及的时代，品牌节日知名度及影响力的建立和扩大离不开媒体的大力宣传和持续报道。毕竟从整体数量上看，我国在海外开展的传统节日活动本身就较为稀少，而能够亲自参与到我国传统节日活动之中，真正通过节日获得视觉、听觉、触觉以及味觉等直观节日感受和体验的海外民众更是少之又少。因此，要想使我国传统节日对外传播活动得以顺利实现，只有通过加大媒体对节日的传播力度，采取大众传播、新媒体传播的方式与方法，才能够在资源及条件相对有限的情况下，让更多的海外民众通过各种媒体渠道及媒介平台方便、快捷地获知众多与我国传统节日内容相关的信息，帮助其迅速、深入地了解我国传统节日文化的内涵。时任文化部党组书记、部长雒树刚在接受笔者采访时谈到，"传播力决定影响力，话语权决定主动权，应善用各种媒体各类媒介打造'欢乐春节'的立体式传播网络，深入加强与国内外知名传统媒体的战略合作关系"。对此，本研究提出应在进一步加强国内媒体向海外传播我国传统节日的同时，积极尝试采取与境外媒体（包括华人媒体与西方媒体）合作的方式传播我国传统节日。

一、继续加强国内媒体对外传播我国传统节日

当前，中国持续不断的高速发展态势及不可阻挡的强势崛起趋势，使世界上的其他国家感到震惊和不可思议，海外民众看待中国的方式和态度较之以往也更加的复杂和分化，在对中国所取得的种种成绩充满好奇的同时，恐惧感和不安全感也随之产生。例如，自 2005 年起，中国日报联合日本非营利组织"言论 NPO"每年针对中日两国关系展开大规模调查，结果显示，日本舆论对中国的正面评价普遍偏低，而对中国的负面评价则几乎是逐年上升。韩国 KBS 电视台 2015 年以中国为对象拍摄了纪录片《超级中国》，韩国民众看后在感叹中国崛起的同时，也在内心深处产生了一定的恐慌。李倩（2013）[21]对此解释到，"受地缘政治、文化、历史差异和偏见等因素的制约，中国形象的对外传播问题比较复杂。中国的崛起并不突然，但速度之快令人瞠目结舌。西方世界对此普遍存在焦虑和恐惧，这种复杂心态决定了西方看中国的方式"。在这种情况下，我国传统节日对于海外民众来说无疑带着浓厚的东方主义神秘色彩，节日中所蕴含的一切文化和要素都是未知和不确定的。

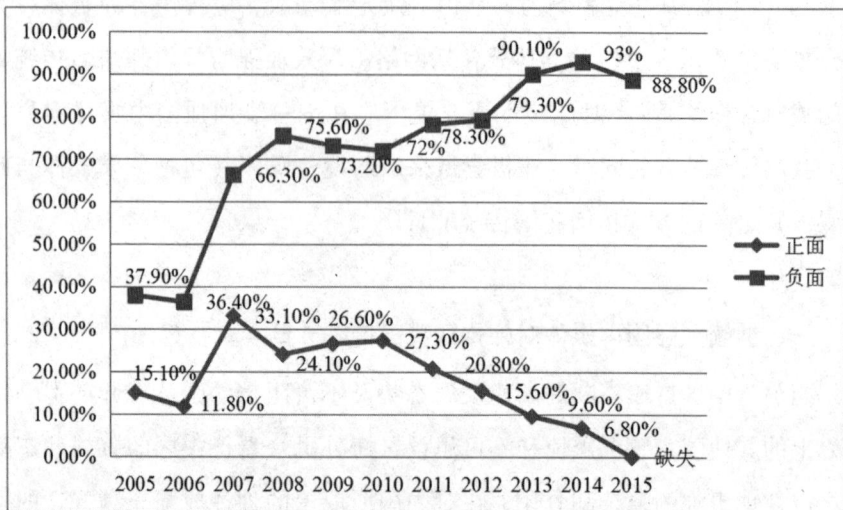

图 7.1　日本舆论对中国印象评价

（数据来源：2005 年至 2015 年《中日关系舆论调查》）

因此，在由西方媒体长期占据主导地位的国际信息传播格局下，应进一步加强国内媒体对外传播、展示我国传统节日文化的力量和力度，及时消解西方媒体受意识形态、价值观念等因素及自身利益驱使而在宣传和报道中所普遍存在的对中国文化的偏见和误读，抵制西方媒体出于政治需要而想方设法地放大民众普遍的焦虑感与恐惧感。国际社会和民众不仅需要通过西方媒体了解东方，解读东方，同样也更加需要通过我国媒体熟识我国传统节日中所蕴含的"原汁原味"的中国传统文化精髓和哲学理念。通过我国媒体加强传统节日的传播，不仅是帮助海外民众全面地认识中国、了解中国的重要途径，更是消除社会及文化间隔阂，抚平他国人民内心潜在不安的重要手段。对此，应主要从以下四个层次展开：

首先，进一步充分挖掘和利用当前国内各个媒体在海外频道建设、平台建设、信号覆盖以及人员配备等方面所取得的进展和成果，大幅提升国内媒体针对我国传统节日各类活动的报道数量及报道篇幅。在大众传播及网络传播盛行的时代，传播手段日益丰富，信息传播速度呈指数增长。积极利用媒体各种传播媒介及传播手段，充分使用各种传播渠道是我国传统节日对外传播获得美誉度和知名度的重要途径之一。例如，新华社从2013年12月起正式入驻 Twitter，建立官方账号"@ XHNews"，截至2015年1月已拥有粉丝达133万多人，自账号建立之日起一共对外发布了1.8万多条信息，日均发稿量16.7篇。通过新华社社交媒体专业团队上千天的运营，该账号凭借其权威性和影响力逐渐被海外权威媒体记者、从业人员及相关机构关注，成为西方媒体获取我国新闻的重要渠道。此外，随着"一带一路"国家发展战略的提出，北京市给予四达时代大力支持，开办了7个语种的19个频道，在12个国家发展用户超过400万（郭万超等，2018）[62]。因此，应在我国各类传统节日活动举办期间，通过国内媒体在海外建设的各类平台及时发布更多与我国传统节日相关的信息，扩大我国传统节日的传播范围。

其次，积极促进国内节日研究专家及学者与国内媒体从业人员开展更为密切的交流与合作，在确保报新闻报道对我国传统节日众多内容解读正确的基础之上，进一步增加新闻媒体对我国传统节日报道的深度与广度。如前所述，调查显示，国内媒体在采用英文对外报道我国传统节日相关内容时，为了避免出现纰漏，保证编写及发布内容的正确性和准确性，普遍采取使用标准新闻报道框架的方式，只报道节日活动的时间、地点、内容、影响等最为基础的内容，而有意识地忽视和回避了诸如节日中独具特色的活动和仪式，这些活动和仪式所存在的民众基础及形成原因，以及这些活动和仪式中所蕴含的更为深层次的文化内涵等在内的更为深入和复杂的问题。这就导致外国民众即使能够接收到来自我国媒体所传播的有关传统节日的信息，也无法深入了解我国传统节日的全貌，不利于传统节日中所蕴含的传统文化精髓及哲学思想的传播。对此，在对外传播与我国传统节日相关的信息时，应鼓励国内节日研究专家及学者积极地为国内各个媒体提供更多的融知识性、思想性及趣味性为一体的优质节日文章，同时努力调动媒体从业人员对外传播我国传统文化精髓的责任感和使命感，使其能够在专家及学者的指导下对文章进行语言翻译及转换。如此一来，通过国内媒体对外传播的与我国传统节日相关的种种信息，不仅能够保证文章通篇语句使用的正确性，同时还能够保证传统节日中更为深层次的内容得到更多对外传播的机会和可能。

　　再次，国内媒体对外传播与我国传统节日有关的信息时，还应大幅减少直接转发及引用西方媒体新闻报道的次数和比重。当前，我国已经开始在海外连年开展与传统节日相关的各类文化活动，其中有不少活动已经初具规模，形成了一定的影响力和知名度，媒体所给予的关注度也越来越高。然而，在对海外节日活动进行报道时，我国媒体驻外机构由于受到资源配置十分有限，新闻生产及传播能力相对薄弱等因素的限制，在报道速度、报道深度、报道频度以及新闻点的捕捉等众多方面均明显落后于西方媒体。西方媒体凭借其成熟的新闻生产及传播机制、规范的信息管理理念及原则以及专业高效的团队配置等众多优势，经常能够保证在最短的时间内就某一节日活动发布质量较高、内容较全的新闻报道。在这种情况下，我国媒体驻外机构为了保证新闻的时效性，在资源有限的情况下，较为常见的办法便是将西方主流媒体（如美联社、合众社、路透社、法新社、CNN、BBC 等）的报道内容作为自身新闻源进行频繁转发或大篇幅引用。这种频繁转发和大篇幅引用所带来的严重后果便是，在对海外举办的各类传统节日活动进行报道时，国内媒体完全丧失了主动权与选择权，将自身置身于西方媒体的传播规则和报道框架之下，对于报道什么、如何报道等传播内容的关键问题完全由西方媒体所把控，这种做法对于全面、系统及深入地传播我国传统节日及其文化内涵极为不利。而正如李贺（2011）[242]所述，"媒体报道框架对客观现实具有建构作用，再造与重塑了中国传统节日的符号与意义，影响了受众对中国传统节日的认知和诠释"。因此，即使在资源和条件极为有限的情况下，我国媒体驻外机构也应尽自身最大努力，争取直接发出自己的声音，大幅减少直接转发及引用西方媒体新闻报道的次数和比重，通过自身的新闻报道对我国传统节日进行正确、全面、客观的解读与阐释。

最后，还需要特别指出的是，在对外报道我国各类传统节日时，不仅要保证报道内容在词语及句法上的准确性，同时还应使报道在内容、结构及编排上尽量符合外国民众的阅读习惯，而这恰恰正是当前我国在进行对外传播活动时所存在的缺陷与不足。对此，已有不少专家和学者进行了深刻的剖析与阐述，如新华社新闻研究所编辑何慧媛（2015）[71]在对我国媒体运用西方社交媒体平台提升国际传播能力进行系统研究后，就国外用户需求这一问题明确指出，"外国人对中国的了解，大多是通过具体的人物和故事来实现的，与宏大的事件相比，他们对寻常百姓的生活状态更感兴趣。但国内主流媒体往往承袭传统的语言风格，带有浓厚的'官方'色彩，报道视角也往往过于宏观，对社会个体的关注不足，导致内容的贴近性较差，难以捕获海外受众的心"。由此可以看出，我国在进行对外传播时，通常采用的是政治宣传的思维模式，而不是以新闻传播的客观规律为准则，只注重正面宣传，而忽视负面问题的存在。因此，只有及时转变对外传播思路，真正做到每时每刻"用西方方式，讲东方故事"，才有可能全面提升信息传播的有效性。

二、积极尝试通过境外媒体传播我国传统节日

如前所述，由西方媒体长期占据主导地位的国际信息传播格局并不会

在短期内得到明显的转变和改善，而我国媒体近年来海外覆盖率虽有显著提升，对外传播能力有了明显改善，但距离实现真正的落地入户依旧有很大的差距，对外传播过程中"传而不通、通而无效"的尴尬情况依旧没有能够得到明显改善。然而，随着"一带一路"建设的不断深化，我国与沿途国家在各个方面的交流合作愈发频繁。对此，应在坚持通过国内媒体进行直接对外传播我国传统节日各类相关信息的同时，寻找可以真正实现海外落地入户的媒体资源进行深入合作，将其作为我国传统节日对外传播体系中重要的补充机制，巧妙地借助其资源和力量帮助我国传统节日进行范围更广、层次更深的对外传播与交流。目前来看，海外华文媒体、社交媒体及西方主流媒体①拥有广泛的群众根基及较高的权威性，完全可以作为我国传统节日对外传播的间接渠道和补充机制。然而由于海外华文媒体与西方主流媒体在创办背景、服务宗旨、人员构成以及目标受众等众多方面具有一定的差异和不同，因此在与二者进行合作时，应根据实际情况具体问题具体分析，在方式方法的选择上有所倾向，有所侧重。

实际上，近些年来，由海外华人所创办的华文媒体在对外弘扬中国文化，展示中国成绩，扩大中国影响力等方面起到了极为重要的作用，是实施我国文化"走出去"战略过程中不可或缺的重要帮手。与祖国千丝万缕的联系以及强烈的文化归属感和认同感使海外华文媒体对于来自祖国的信息具有天生的热情和好感，对于向世界传播和弘扬中国传统文化精髓有着一种难以言明的责任感和使命感。同时，相较于国内媒体，海外华文媒体经过多年地方化发展和运营，十分了解当地受众的具体情况，能够使用地方语言通过各类媒介平台熟练地传播各类信息，并在当地主流社会群体中

---

① 泛指那些以英文和其他主要文字出版的、控制着世界上绝大多数信息资源的、具有国际影响力的大媒体。

拥有固定的受众及用户,能够实现真正意义上的"落地入户"。因此,与海外华文媒体展开合作时,首先应帮助海外华文媒体重新了解和认识我国传统节日中所蕴含的文化精髓及哲学理念,使其能够从思想的高度给予与我国传统节日相关的各类信息以更深程度的重视和关注。其次,还应将质量上乘、制作精良、内容丰富的与我国传统节日相关的纪录片、电视节目、新闻报道等及时传递给海外华文媒体,实现信息的共通共享,并借助海外华文媒体所拥有的各类信息传播平台直达受众。最后,还应促进国内媒体驻外机构与海外华文媒体开展积极地交流与合作,争取在对我国传统节日在海外举办的各类活动进行报道时,能够充分整合各方资源及力量,第一时间为海外民众提供内容丰富、视角全面、具有深度的活动报道,在我国传统节日及其文化内涵的解读与报道方面树立权威性,与西方主流媒体展开竞争。正如时任《澳洲侨报》社长金凯平所说,国内媒体外派组织拥有一定的力量和经验,但对海外民众的具体喜好了解不够,而海外华文媒体扎根当地,对民风民俗以及受众阅读习惯更为熟悉,如果能将国内媒体与海外华文媒体的资源和力量进行有机整合,必将发挥出"1+1>2"的效果。

除去海外华文媒体外,伴随互联网及移动互联网快速发展,新媒体技术日趋普及,海外社交媒体、视频网站在传播力与影响力方面也有其重要的价值与意义。并且,自2016年起,为了迎合当下受众移动化、碎片化场景的阅读习惯和交互需求,越来越多的平台、商家、媒体开始尝试采用视频的方式进行信息传播,并取得了卓有成效的传播效果。2017年,短视频更是以迅雷不及掩耳之势取代网络直播成为现代传媒行业最新且最热的风口,"Pivot to Video(转向视频)"一跃成为当年媒体人最常提及的词汇之一。因此,可将我国传统节日中庆典、习俗、仪式、饮食等极具特色的内容采用视频的方式,通过海外社交媒体、视频网站等渠道进行广泛传播,触达更多海外受众。在这一过程中，除了 Facebook、Twitter、YouTube 等西方传统知名社交媒体外，"一带一路"国家的视频网站同样是值得关注和积极利用的重要渠道资源。例如，伊朗国内最受欢迎的视频分享平台 Aparat，不仅可以在线同步收看卫星频道的电视直播，观看电影、动画片、游戏等网络视频，还支持用户上传自己拍摄的视频；卡塔尔的一站式信息门户网站 Qutar Living，开设有文化、影视视频、娱乐、旅游等多个在线社区，方便用户在线获取各类相关资讯。除此之外，塞浦路斯的私营电视频道 Ant1iwo、柬埔寨的视频娱乐网站 Wicam Tv、沙特阿拉伯最大的娱乐网站 3sk. Tv、约旦的新闻媒体网站 Ahdath24、阿曼的新闻媒体网站 atheer、阿联酋的视频点播服务平台 Starz Play、马其顿 Sitel 电视台官方网站 sitel. com. mk 等均可以成为我国传统节日文化对外传播的有效窗口。

最后，西方主流媒体同样也是我国传统节日对外扩大影响力的重要渠道之一。诚然，由于文化观念及媒体运作理念等众多方面所存在的巨大差异，想要借助西方媒体的力量和资源对外传播我国传统节日中所具有的文化价值理念绝非易事。然而，正如程曼丽（2011）[101-102]等人所言，"这类媒体（西方主流媒体）才是将西方各国民众与外部世界联系起来的最直接的信息通道……我们作用于这些媒体的努力，可以在一定程度上影响西方受众对于中国的认知与评价，改变他们对头脑中那个'值得信任的画面'①的印象"。对此，要想实现借助西方主流媒体对外传播我国传统节日相关信息的目标，应在以下几个方面进行完善和改进。首先，应对西方各主流媒体进行深入全面的了解，对其报道风格、框架设置及议题设置等方面进行系统的研究与分析，掌握其对华的态度倾向及报道原则。其次，不论是

---

① 指李普曼曾提出的大众传媒能够帮助受众形成一个超出他们涉及范围和直接经验的有关这个世界的"值得信任的画面"。

在国内还是海外举办与我国传统节日相关的各类活动，活动组织者及国内媒体应努力保证节日信息发布的及时性、准确性及透明性，避免西方媒体在对国内信息源进行转载、转播时出现差异性理解、歪曲性报道及断章取义式误读等各种信息错位现象。同时，传播内容还应按照西方范式进行编排，观点的提出应旁征博引，必要时还应给予充分的数据支持，客观陈述正反两方观点，避免只说好话不说话坏，自话自说等带有明显主观倾向内容的出现。只有这样才有可能借助西方主流媒体的信息传播平台让更多海外民众了解我国传统节日及其深层文化内涵的传播目标。

第三节　传播主体及渠道培养策略

除打造品牌节日，加大媒体传播力度外，不断丰富和拓展我国传统节日的传播主体和传播渠道，也是进一步扩大海外影响力，获得美誉度的重要途径之一。研究表明，当前我国传统节日对外传播的主体与渠道极为单一，活动的组织与开展基本由官方（政府相关部门）包办，对活动的报道则完全由国内主流媒体负责。这种"政府唱主角，媒体大宣传"的对外传播模式和外宣指导思想虽然在 20 世纪 80 年代为各个国家所接受和普遍使用，但近些年来随着信息传播成本及门槛的降低，信息源日益丰富，民众对于这种由他国政府及媒体传播的带有"政治倾向"的信息的真实性表现出了越来越多的质疑和不信任，以及由此所引发的抵触和不满情绪。因此，这种过时的传播方式已严重制约了我国传统节日对外传播的进一步发展，暴露出了政府角色过重，宣传意味过浓，活动运作过僵，传播效果过差等众多明显的缺陷和不足，使得我国传统节日及其文化内涵经常遭到其他国家和民众的反感和抵制。对此，在未来我国传统节日对外传播的过程中，不仅要依靠硬件设施的不断升级和完善，同时也应及时转变传播思路和传播理念，使节日传播的主体更加多元化，节日传播的渠道更为多样化。

一、传播主体多元化

吴飞（2014）[10]在研究国际传播和软实力建设等问题时曾指出，政府的出面和"管理"使人们逐渐走入一个误区，"即认为国际传播只是一种政府行为，是一种政绩工程，误以为花大笔的钱请几位名人推进系列形象宣传片就 OK 了，但事实上，国际传播和软实力建设是一个相当复杂与漫长的系统工程……"。实际上，这种思想认识上的误区在我国传统节日对外传播的过程中也有更为明显的体现。众所周知，开展传统节日活动往往会将地方政府及活动主办方的形象直接呈现在地方民众、游客以及海内外媒体面前，因此政府相关部门为了确保活动的各个环节和层面不会出现任何的差错，往往直接作为节日活动的组织者对活动中的各项事宜亲力亲为，或对由其他机构组织的活动进行严格的"管理"和"把关"。而跨国举办传统节日文化交流活动时，由于不可避免地要涉及国家利益、国家形象及国际关系等一系列更为重要的国际问题，因此民众普遍认为完全由政府相关部门组织和实施各项具体的节日活动也是理所当然的。

然而，对外传播及跨文化交流领域中的众多研究成果却给出了不同的答案。对外传播及跨文化交流的发展规律表明，要想不被对方抵制和排斥，取得理想的传播效果，应当尽可能地弱化政府在文化传播及对外交流过程中所扮演的多重角色，努力让更多拥有不同背景和身份的组织、机构乃至个人参与到传播活动之中，成为传播活动的主体。这实际上也是当今社会发展的趋势，"……在国家和政府间机构继续扮演重要角色的同时，传播主体出现了多元化的趋势。这里既包括各种各样的跨国活动团体（据联合国教科文组织 1992 年统计，以从事国际活动为目的而正式登记的非政府组织已超过 1 万个），也包括以开拓世界市场为目的的企业，还包括活跃在互联网上的众多一般个人"（郭庆光，2011）[230]。而针对我国传统节日对外传播活动而言，一方面应使我国传统节日活动开展的主体多元化，另一方面应使对我国传统节日活动进行报道的主体多元化。

首先，不论是在国内还是在海外，节日活动的开展主体不应仅仅局限于政府及其相关职能部门，同时还应在最大限度内将各类文化交流协会、非营利性机构、专业节庆及会展公司、国内外企业、民间社团、华人公会、学生组织等包含在内。这就需要在开展传统节日活动时，政府及其相关部门能够及时转变自身职能和角色，从台前的"大总管"转变为幕后的"扶持者"，在积极为节日文化活动提供政策上的扶持与保障的同时，自始至终保持节日活动的独立性与整体性，避免采用行政化的手段过分干预节日活动的常规运作。而针对在海内外已经具有一定影响力和美誉度的大型品牌节日活动，虽然需要由政府出面协调活动开展的各项事宜来保证节日活动的品质和质量，但也应及时借鉴国外节日活动的先进经验，成立专门的活动执行及策划委员会或节庆办公室全权负责整个节日活动的统筹工作，确保节日活动的运营从专业化而不是行政化的角度出发。此外，在国内，政府还应积极鼓励和扶持各类企业、文化交流协会、节庆会展公司、非营利性机构、民间社团、学生组织举办与传统节日相关的各类节日文化活动。而针对在海外开展各类传统节日活动，除由政府及相关职能部门组织的国家级大型文化交流活动外，还应进一步调动孔子学院、中国文化中心等在内的诸多驻外文化组织及机构对于开展我国传统节日活动的重视程度及积极性，使其最大限度地发挥自身特色和优势，在我国传统节日期间，以文化交流的身份在驻地开展更多内容丰富、质量上乘的节日文化活动。同时，海外各高校及企业中的中国留学生组织及华人公会也是我国传统节日对外传播过程中不容忽视的重要力量之一，应在一定程度上给予这些组织及机构开展节日活动所需的指导和帮助。

其次，针对我国传统节日活动进行传播与报道时，不仅要依靠国内主流媒体主体的各种资源和力量，同时还应设法借助地方媒体、海外华文媒体、西方主流媒体乃至民间媒体的力量进行多元化全方位传播。纵观在世界范围内享有盛誉的各类节日活动，其中仅仅依靠本国官方媒体的宣传和报道就能够在国际上取得极高美誉度和影响力的节日活动可谓是寥寥无几。知名节日活动的成功经验表明，只有尽最大可能吸引、邀请更多来自世界上其他国家的媒体及记者对节日活动进行丰富、多元的采访与报道，吸引更多来自不同国家的节日参与者亲身体验节日活动，感受节日文化，才能够将节日对外传播的效果最大化，从而在世界范围内引起越来越多的关注。

此外，随着网络技术的不断发展，网民作为信息传播的新生力量，能够轻而易举地通过诸如手机、iPad、笔记本电脑等移动通信工具将自己所搜集到的各类信息通过互联网进行传播。这种信息传播的一大特点便是完全不受时间及空间限制，因此在互联网时代的今天，网民群体作为一类特定的传播主体，在对外传播过程中拥有与传统大众媒体一样所不容小觑的能力和力量。网民在参与节日活动的过程中，能够随时随地地将对节日活动的体验及感受，通过文字、图片、声音、视频等众多方式直接上传至互联网，国际受众即使没有直接参与过这一节日活动，也可以很直观地通过其所传播的信息对节日活动有所了解，从而对节日活动形成自己的感受和印象，甚至还会根据自身的喜好程度对信息进行二次传播或多次传播，由此所带来的传播效应及价值则是难以估量的。因此，我国传统节日在对外传播过程中，也应给予网民群体以必要的重视和关注。

二、传播渠道多样化

目前，我国传统节日主要通过两种传播渠道对外传播，一种是直接在海外举办与传统节日相关的各类文化活动，另一种则是媒体针对我国传统节日所进行的相关报道。研究表明，在我国传统节日对外传播的初期阶段，通过这两种传播渠道可以有效地满足海外民众对我国传统节日的猎奇心理，方便快捷地帮助其形成对我国传统节日的初步印象；然而要想使海外民众对我国传统节日拥有更深层次的认知与体悟，则需要通过更加多样化的传播渠道持续不断地对其产生影响。有鉴于此，单一、固化的传播渠道已严重阻碍我国传统节日的对外传播，要想取得更为理想的传播效果，亟须丰富和拓展我国传统节日对外传播渠道。

首先，我国传统节日完全可以以国内众多优秀影视作品进行对外交流与展映为契机，实现自身的对外传播。程曼丽等人在研究我国文化对外传播时曾指出，电影作为一种有效的传播渠道，对于民族文化的对外输出具有"润物细无声"的特别功效。而在现实中，多年来美国及日本文化借助好莱坞电影和动画片在世界范围内进行推广与传播也充分证明了这一点。实际上，不光电影作品，包括电视剧、纪录片、综艺节目乃至民众自制短片等在内的一切视听作品，如果能够为世界其他地区的民众所喜爱和接受，那么对于文化的对外传播无疑具有极大的推进和帮助作用。近些年来，诸如《甄嬛传》《琅琊榜》《舌尖上的中国》等在内的国内众多优秀影视作品已经能够在海外主流频道进行播出，成功赢得了一大批海外受众和粉丝的长期支持与关注。这表明，我国的影视作品同好莱坞电影和日本动画片一样，同样可以拥有广阔的海外市场和数量庞大的外国受众，我国影视作品已经完全有能力承担起文化对外传播的责任和义务。目前来看，国内不少影视作品中都含有大量与我国传统节日相关的故事情节，完全可以对外选送一批质量上乘、制作精良、节日戏份重的经典影视作品，以我国传统节日为主题单元进行对外交流及展映，必要时甚至可以对影片中与传统节日相关的场景和桥段进行重新的剪辑和编排，从而使其更能传播和表达我国传统节日中所具有的深刻思想文化内涵。

其次，节日文化符号及周边衍生产品的开发、利用以及海外销售同样也是我国传统节日对外传播的重要渠道之一。实际上，西方传统节日在海外成功传播的经验已然表明，将节日中所蕴含的抽象的文化合理巧妙地具象化与商品化是节日对外传播过程中可以借助的最为有效的传播渠道之一。例如，西方圣诞节在我国进行传播时，选择性地淡化其宗教内涵及背景后，将其节日中所具有的西方文化元素和思想观念通过各类具象化的节日符号，诸如圣诞老人、圣诞树、圣诞歌、驯鹿等，进行充分直观地阐释与表达，并且通过各类节日衍生品将这些具象化的文化符号进行最大程度地传播，使其能够重复不断地出现在民众的视野和生活当中。对此，在我国传统节日的对外传播过程中，也完全可以借鉴这一成功经验，在海内外举办各类传统节日文化活动以及通过大众媒体进行宣传和报道的基础上，努力推进各个传统节日文化符号具象化与商品化的进程。其中，文化符号的具象化要做到简洁、清晰、直观、统一，而文化符号的商品化则要做到样式丰富、形式新颖、定位准确，应根据处于不同文化圈层内民众所具有的不同心理结构、审美取向、行为习惯等要素，开发、生产各具特色和特点的节日文化产品以满足其不同需求。正如圣诞老人这一节日文化符号早已闻名世界，然而不同地区的民众由于生活背景、民风民俗、行为习惯等的不同，对于圣诞老人的具体形象、服饰装束、故事传说等内容的理解也会有一定的差异，因而对与圣诞老人相关的各类文化产品的设计和制作也是千差万别，各有不同。

此外，除上述两种较为间接的传播渠道外，互联网以及与其相关的各类媒介信息传播平台凭借时效性、互动性、广泛性等众多特点和优势，完全可以充当我国传统节日的直接对外传播渠道。目前，纵观国际上众多知名度和美誉度较高的节日活动，无一例外地都开设有专门的官方网站及网络信息发布平台①，并组建有专业化程度较高的媒体运营团队专门负责各类相关信息的对外发布与更新，与节日参与者及网民进行互动交流，及时获取与节日相关的各类反馈信息，征求与节日活动开展相关的意见及建议等内容。通常情况下，从每届活动开始进行策划和筹备起，节日官方网站及其网络信息发布平台就会持续不断地在最短的时间内对外发布与更新节日的最新消息和进展情况，对外传播与节日相关的一切内容。这一传播渠道很好地保证了信息传播的及时性、权威性以及准确性，因此成为各个媒体及节日参与者获取活动信息，进行交流互动的最为重要的平台和渠道之一，同时也是衡量和评判节日活动开展的专业程度的重要指标之一。国内近些年对于节日活动的专业化开展方面日益重视并取得了一定的进步，但在活动信息发布平台的建设方面依旧有很大的提升空间。对此，应加大力度进一步鼓励、推进传统节日活动建设独立、专业的网络信息传播平台（如搭建官方网站，在微博、微信上开设官方账号等），具有国际知名度的大型传统节日活动还应在海外社交媒体如 Facebook、Twitter 上开设官方账号方便海外媒体及民众获取节日最新进展情况及各类相关信息。对于资源配置更为丰富的品牌节日活动来说，还应增设专业化程度较高的网络媒体运营团队，在保证信息传播及时与准确的基础上，通过提供高质量的内容与服务努力将节日传播范围及效果最大化。

---

① 如爱丁堡国际艺术节官方网站：http：//www. eif. co. uk.；美国玫瑰花节官方网站：http：//tournamentofroses. com。

最后，还需要特别明确指出的是，不论传播主体是谁，通过的是何种传播渠道，在对外传播的过程中，自始至终都应当严格遵循跨文化传播的客观规律与运行法则，充分了解和掌握受传对象的心理诉求，努力避免交流过程中误解、隔阂甚至是冲突的发生。

第四节　对外传播活动研判及评估策略

通常情况下，为了实现预期的传播目的，达到理想的传播效果，在开展对外传播活动时，传播主体应针对目标受众的不同，采取不同的传播策略以保证传播活动能够得以顺利地实施和开展，然而采取何种方法和措施，采取的方法和措施是否有效，则需要通过对传播效果展开科学系统地研判与评估工作来回答。因此，加强对对外传播效果的研判与评估，建立一种长期有效、科学合理的评估机制不仅是当前我国传统节日对外传播过程中至关重要的一环，同样也是未来很长一段时间内任何对外传播活动实现可持续发展的必要前提。正如程曼丽（2011）[107]等人所指出的，"如何建立有效的对外传播机制，使得力求提升文化影响力和消除沟通障碍的对外传播活动得以顺利展开，并取得预期的效果，越来越成为各方面高度关注的问题。在这样的背景下，怎样把传播学领域内的效果研究理论运用在对外传播工作中，建立一种长效的评估机制，以便更好地总结经验、制定战略、实现有效传播，就成为对外传播领域内一个需要关注的重要议题"。

因此，在我国传统节日对外传播过程中，应始终将不断加强对传播效果的研判与评估作为未来工作的重点和研究的核心，在全面深入分析节日活动传播链条上各个环节所提供的信息反馈的基础上，不断探索和丰富传播效果评估的方式与方法，逐步建立健全我国传统节日对外传播的评估指标，并最终形成科学合理的对外传播的评估体系，为我国传统节日对外传播活动的进一步深入开展提供更为坚实的支持与保障。

一、重视传播链条上各个环节的信息反馈

如前所述，节日活动本身包含有传播学中各项最为基本的传播要素，因此常常被视作一个相对独立完善的小型信息传播系统。通常情况下，节日举办方（传播主体）通过为节日参与者（传播对象）提供一系列内容丰富、样式新颖的文化娱乐活动以及营造出温馨愉快的节日氛围（传播的内容、渠道及环境），来实现或取得某种政治的、经济的、文化的、社会的效益（传播效果）。然而，与单一信息传播活动有所不同的是，一项节日活动的顺利开展和成功举办通常要涉及大量的人力、物力以及财力的相互配合和协调使用，因此纵观整个传播链条，真正参与其中的不仅包括传播主体及传播对象，同时还有其他众多利益主体，如合作伙伴、协助单位、赞助商、供应商等。因此，对于节日活动开展得成功与否，效果如何，节日活动是否如期举行，参与人数的多少等因素只能作为衡量和评估节日活动效果的部分指标。要想对节日活动传播效果进行科学、合理、正确的评估，应在全面收集和分析来自节日活动中各个方面信息反馈的基础上进行，而这恰恰是当前我国传统节日活动举办过程中最为缺失的环节之一。

然而，正如王春雷（等，2010）[42]指出的，"评估是节庆管理中的一个重要环节，通过对节庆活动环境、节庆活动工作本身和节庆活动效果等方面进行系统、深入的数据分析、评价和总结，有利于正确、客观地评估节庆，这对于深刻了解节庆活动环境、节约社会资源、提高办节效率、改进节庆活动水平、培育节庆品牌以及实现可持续发展具有十分重要的作用"。因此，对于我国传统节日活动开展进行全面系统的评估无疑对我国传统节

日的对外传播效果的提升和改善具有十分重要的意义。对此，在举办传统节日活动时，应对来自节日参与者、其他利益相关者及媒体（传统媒体、新媒体）三个群体的信息反馈给予高度的重视。

首先，节日参与者作为传播活动的目标受众，其对整个活动的感受、态度及倾向毫无疑问能够直接地反映出此次传播活动是否达到预期效果。通过对节日参与者所提供的反馈信息进行系统地研究和深入地分析，活动主办方能够从节日体验者的角度出发，对此次活动进行更为客观、更为实际以及更为全面的总结，充分了解此次活动的优势及劣势所在，从而为下一次活动的开展提供更具针对性的改进意见及建议。

其次，其他利益相关者作为节日活动传播系统中的重要有机组成部分，其角色及职责主要是保障整个活动自始至终地按照预期目标顺利进行。换句话说，在节日活动中，演艺人员、赞助商、供应商、安保人员及志愿者等众多群体的参与，实际上直接关系到整个活动的顺利开展以及节日参与者所获得的身心体验的质量，因而同样也会影响到预期传播效果的最终实现。此外，更为重要的是，如之前所讲，节日活动要想产生一定的影响力和美誉度，需要具有一定的连续性。而节日活动要想实现可持续发展，无疑需要与参与其中的各方保持良好、长远的合作关系，因此对于其所反馈的信息应加以研究和分析，保证节日活动的顺利运转。

最后，节日活动主办方还应积极通过官方网站及社交媒体公众号等众多网络信息平台进一步收集来自网络用户的信息反馈。近些年来，随着传播技术的不断发展以及社会信息化程度的不断提高，针对节日活动任何方面、任何形式的意见、建议及反馈（包括主流的、非主流的、个性化的）均可以方便快捷地通过网络信息平台进行传播。并且现实情况已然表明，凭借网络传播的种种优势和特点，网民群体已经逐渐成为一支不容忽视的传播力量，能够在舆论导向、辐射面等众多环节对传播效果的最终实现产生重要的作用和影响。因此，节日活动主办方应及时转变思路，不仅应将网络信息平台当作权威信息的发布渠道，同时更应将其视为传受双方相互沟通的纽带和桥梁，及时了解、搜集网民对于整个活动的态度、意见及建议，并加以分析，对节日传播过程中的各个环节进行更具针对性的改进和完善，以期达到最佳传播效果。

二、系统研判西方主流媒体的相关报道

在我国传统节日的对外传播过程中，除去不断改进和优化各类传统节日活动外，还应就西方主流媒体对我国传统节日的相关报道展开科学系统的研判工作。目前来看，不论我国媒体海外平台搭建程度如何，短时期内，除去少数有机会亲身体验我国传统节日活动的海外民众外，绝大多数外国民众对于我国传统节日的了解和认知仍将主要依赖于西方主流媒体的宣传和报道。这些媒体针对我国传统节日所进行的报道与评价，不论是正面的还是负面的，均能够在更为广泛的范围内被更多的海外受众所接触和了解，从而产生更大的，同时也是更为直接的效果和影响。并且，由于西方媒体的商业化及专业化程度较高，对受众的定位较为精准，主题的选取以及议题的设置更加符合受众口味，其报道的内容往往正是受众所关心和需要的，因此，在很多情况下，西方主流媒体对于我国各个传统节日的关注程度及态度倾向也恰恰反映了海外民众对于我国各个传统节日的兴趣与喜好。对此，应从报道次数、报道篇幅、报道倾向及报道内容等众多方面入手，通过采用内容分析法及文本分析法等各类研究方法，系统研究西方主流媒体对我国传统节日所进行的报道，深入了解海外民众对我国传统节日的看法及好恶，充分掌握当下我国传统节日对外传播效果的薄弱环节及缺失和不足之处，为我国传统节日对外传播的进一步展开提供具有针对性的指导。

首先，西方主流媒体对我国各个传统节日报道次数的多少及报道篇幅的长短无疑能够直接反映出各个节日在海外受关注的程度。报道次数多、报道篇幅长的节日无疑是海外民众的关注点及兴趣点所在，这种持续不断地高强度报道从某种程度上来说也进一步强化了该节日在海外民众心中的印象及地位。相反，如果西方主流媒体对我国某一传统节日的报道次数相对较少、报道篇幅相对简短，则表明该节日在海外的受关注度较低，传播力及影响力相对不足。这种通过对报道次数及报道篇幅进行量化研究的方法，无疑能够帮助我们对各个传统节日在对外传播过程中进行排序，及时掌握海外民众对各个节日的关注程度，并以此为依据，通过举办更多节日活动，增加我国官方媒体及海外华文媒体报道等方式丰富在对外传播过程中相对落后的节日。

其次，通过对西方主流媒体相关报道所持的态度及倾向进行研究，无疑能够反映出当下我国各个传统节日在海外的受欢迎程度，以及海外民众对于各个节日的印象和看法。对此，应采用文本分析的方法，针对西方主流媒体对我国各个传统节日的相关报道，从态度倾向角度出发，将其划分为正面报道、中性报道及负面报道。其中，重点关注负面报道较多的传统节日，并通过对负面报道内容的进一步分析，找寻问题及原因所在，积极采取相应的改善措施，及时扭转不利局面，改善该节日在海外受众心目中的形象。

最后，通过对西方主流媒体相关报道的内容进行分析，从宏观层面上能够总结出西方主流媒体在对我国传统节日进行报道时常用的结构及框架，从微观层面上能够发现西方主流媒体对于我国各个传统节日文化内涵的理解与阐释是否客观全面。一旦西方媒体在报道过程中试图通过议程设置制造噱头，通过报道框架误导受众，或在报道过程中存在一定的偏见、断章取义及误读现象，则应及时与对方进行沟通，或通过其他传播渠道对相关内容进行澄清与纠正。

三、全面评估我国传统节日对外传播的开展情况

从长远的角度来看，我国传统节日对外传播活动要想取得持续、稳定、长久的发展，针对各个传统节日的对外传播情况进行长期全面的评估工作势在必行。对此，应在充分理解我国各个传统节日特点的基础上，充分遵循对外传播活动的发展过程及信息传播的规律，以年度为考察单位，从传播主体、传播内容、传播渠道以及传播效果等方面入手，对其中所包含的众多具体因素的作用强度及影响力大小进行细致分析。

针对节日的对外传播主体而言，评估工作主要应从直接传播主体和间接传播主体两个方面展开。所谓直接传播主体，也称一级传播主体，指带有明确对外传播我国传统节日目的和任务的传播群体，主要包括我国政府部门及国内媒体。所谓间接传播主体，也称二级传播主体，指对我国传统节日对外传播起到间接促进作用的传播群体，主要包括海外媒体及参与过节日活动的外国民众。然而，出于多方面原因，大多数西方受众对于我国"主动推送"的活动及信息，不论是来自政府层面的，还是来自媒体层面的，均持有较强的抵触情绪和不信任感，相反更加倾向信任和依赖于在价值观念、思维方式及文化习惯等方面与其相一致的西方主流媒体及地方媒体所传播的内容。此外，参与过节日活动的外国民众在进行传播时，经历和感受的高度真实性与可靠性同样使得其所传播的内容具有较高的影响力。因此，相较于一级传播主体，二级传播主体在我国传统节日对外传播过程中所起到的作用及意义更为重要，所能达到的效果更为明显。因此，在通过传播主体环节对某一传统节日对外传播状况进行评估时，应首先检

验西方主流媒体对该节日报道的重视程度，其次为节日活动参与者的满意度，再次为我国政府及相关部门对该节日的开展情况，最后为我国官方媒体对该节日的报道情况。

针对节日的对外传播内容而言，评估工作主要应从物质层面及精神层面两个维度全面展开。其中，物质层面主要包括节日活动的举办及节日文化商品的开发与销售，精神层面主要包括内容解读的全面性、准确性及是否向海外民众充分传递了深层节日文化内涵及价值观念。向世界人民传递我国传统节日中的深刻文化内涵是节日对外传播活动开展的目的和意义，对各个节日中所具有的纷繁复杂的内容进行正确解读和阐释则是目的得以实现的必要保障，而开发与销售节日文化商品及举办节日活动则是对节日文化内涵深入传播的有力支持。因此，在通过传播内容环节对某一传统节日对外传播状况进行评估时，应首先评估该节日的文化内涵及价值观念是否已被海外民众所知晓，其次为传播主体对于节日内容的解读和阐释是否准确、到位，再次为该节日文化商品开发与销售的程度，最后为该节日具体文化活动的举办情况。

针对节日的对外传播渠道而言，评估工作主要应从各个节日对于传播渠道的使用情况展开。例如，针对一个传统节日，我国政府及相关部门是否已经举办或有意在海外举办与之相关的文化交流活动，国内各个媒体是否对该节日有长期持续的关注和报道，海外媒体是否对该节日进行报道，在举办与该节日相关活动时是否注册有专门的网站及网络社交公众号。此外，还应对与节日相关的一切周边衍生品（如影视作品、文化商品、图书等）的开发与销售情况，尤其是在海外的发行与销售情况进行评估。

针对节日的对外传播效果而言，评估工作应从传播的覆盖范围及对受众所产生的实际影响两个方面进行。虽然在当下，通过大众传播及网络传播等技术手段已经能够使信息覆盖到世界上的任何角落，但信息的到达并不意味着信息的接受。传播学的多项研究已经表明,受众在接收信息时具有很强的主观能动性与自主选择性,即受众在面对来自四面八方的各类信息时会有所取舍,过滤与屏蔽掉与自身需求无关的信息。因此,在对节日传播覆盖范围进行评估时,应着重考察某一节日目前是否已经在同一文化圈层内进行传播,是否已经能够在不同文化圈层内进行传播。例如,目前来看,我国传统节日之中的端午节以及中秋节在对外传播过程中取得了不错的效果,但经过仔细分析发现,端午节及中秋节的对外传播实际上主要集中在儒家文化圈层内,世界上其他地方的民众对于这两个节日很多情况下还是闻所未闻。而针对节日对受众所产生的实际影响进行评估时,则应从接触、认知、态度及行为四个维度进行考察。

总的来说,对我国传统节日对外传播情况开展常规化的评估工作,能够为未来对外传播活动的深入提供更为明确的方向,通过系统全面的评估,能够实时了解各个传统节日对外传播的进展程度,发现其中存在的薄弱环节,并对此及时就传播内容、传播方法或传播策略等方面进行修改、补充与调整。

四、丰富我国传统节日对外传播效果评估的方式与方法

在对我国传统节日对外传播效果进行评估时,应根据传播过程中所遇到的具体问题,尽可能地丰富对外传播效果的评估方式与方法,通过多角度、多方面的考虑与研究,大幅提升评估结果的全面性、准确性、客观性。正如程曼丽(2011)[189]等人所指出的,"鉴于对外传播的广泛性和复杂多样性,任何单一的方法都不能全面体现传播的效果,只有进行综合评判,才能全面、客观、准确地反映传播成效,最终得出有关传播效果的完整结论"。因此,在研究方法的使用上,既要积极采用自我测评、专家访

谈、小组讨论、田野调查等定性研究方法针对传播活动各个环节进行
"质"的检验，同时也要重视通过问卷调查、内容分析等定量研究方法所
得出的具体数据。

第五节　针对四种方式提质增效的路径选择

一、传播力与影响力协同发展

通过对我国传统节日对外传播的现状及西方传统节日在我国成功传播
的经验进行分析后，本研究提出，我国传统节日在对外传播过程中应始终
遵循节日传播力与影响力协同发展的对外传播策略。"在国内，'传播力'
的概念由刘建明在 2003 年最早提出。他认为'传播力是指媒介的实力及
其搜集信息、报道新闻、对社会产生影响的能力'。"（李昌等，2018）[91]通
常情况下，传播力主要针对传播媒介及渠道而言，主要体现在传播媒介及
渠道的辐射范围、权威程度、受众人数等方面；而影响力则主要针对传播
主体和传播内容而言，体现为节日本身对于他国民众的吸引力、节日受关
注度等方面。传播力与影响力是同一传播链条上的不同环节，二者的好与
坏均能够对最终的传播效果产生重要影响。更为重要的是，在进行传播活
动时，传播链条上的各个环节及要素并不是完全独立地发挥着各自的功
效，而是在不断地相互作用、相互影响之中产生合力，随之形成一个具有
稳定态势的有机整体。换句话说，传播效果的好坏不仅取决于传播链条上
各个环节及要素的发展情况，同时也受传播链条整体发展态势的影响，只
有传播链条上各个环节及要素均处于较为合理的均势发展态势之中，才有

可能取得更为理想的传播效果。因而，在我国传统节日对外传播过程中，传播力与影响力应始终保持相辅相成的发展态势，其中任何一方要想获得更进一步的发展都离不开另一方所提供的支持与保障。实践证明，对单方面的过度改进与完善往往会事与愿违，对传播活动产生负面影响。

例如，西方传统节日初入我国时，其影响力极为有限。在这种情况下，在华生活和工作的海外民众并未对自己的节日及其文化内涵进行大规模的宣传及推介，只是根据自身生活习惯在节日期间举行一些庆祝活动，并通过人际关系、工作关系邀请国内各界人士参与其中。而后，经过西方经济及文化在我国长时间的传播，西方传统节日的影响力随之获得了一定的提升，并具有了初步的民众基础，此时，西方传统节日凭借其自身特性与前述各种历史原因等综合作用，通过国内媒体、商家、商品化的节日符号极大地扩大了其传播力，最终在全国范围内传播开来。可以看到，西方传统节日在我国的传播经历了一个既漫长又必需的传播力与影响力协同发展的过程，而不是一味地只在其中的一个方面下功夫。

反观我国，由于对传播发展策略认识程度的明显不足，传统节日在对外传播过程中一度出现了传播力与影响力失衡的不利局面，反而对整体传播效果产生了不小的负面影响。近年来，出于国家文化对外发展的需要，我国对外信息传播平台建设如火如荼，能够直抵海外民众的传播媒介及渠道日益增多，我国传统节日的传播力也因此获得了大幅提升。但在影响力方面，除春节在世界范围内获得了较高的关注度和知名度外，我国其他传统节日的影响力依旧极为有限。令人更为遗憾的是，在这种情况下，我国传统节日在对外传播过程中不顾影响力不足的客观现实，在没有民众基础的情况下，一味地通过各种传播媒介和渠道（尤其是官方渠道）对外进行大规模的节日宣传，表面上看似乎在世界各地产生了巨大的反响，但实际上并不为海外民众所全部接受，在一些地方有时甚至被视作为文化侵略的行径，引起当地民众极大的反感和强烈的抵触。因此，在我国传统节日对外传播的过程中，应始终保证传播力与影响力协同发展，避免无效传播和负面传播情况的发生。

二、节日产品与节日文化相辅相成

通过对西方传统节日在我国成功传播的经验及早期人类跨文化交流史进行研究后，本研究提出，我国传统节日在对外传播过程中应始终遵循节日产品与节日文化相辅相成的对外传播策略。人类早期文化交流史证明，世界上其他国家正是在接触了中国的丝绸、漆器等物质产品后，才对中国乃至中国文化产生了强烈的好奇心，甚至欧洲在 17、18 世纪一度出现了"中国风格"或曰"中国趣味"的风潮。"物质文化充当文化传播和彼此了解的先锋，这大概可以看作文化交流的一个规律。"（忻剑飞，2013）[28]西方传统节日在我国传播的经验也同样证明，高度具象化、商品化的节日符号为西方传统节日深入我国民众生活之中提供了强有力的支持与保障。圣诞树、圣诞老人、麋鹿、圣诞袜、巧克力、玫瑰花、彩蛋、兔子、南瓜灯、火鸡等众多具有西方传统节日文化代表性的元素被制作成种类繁多、样式各异、设计精美的节日商品，使得每个节日及其文化都转变成看得见摸得着的物质商品，因而具有了更高的识别度。这种通过节日商品吸引民众进而传播节日文化的方式，巧妙地避免了跨文化交流过程中由于文化理念、意识形态等方面的不同所带来的障碍和隔阂，使得国内民众即使不了解西方传统节日所含有的大量宗教文化内涵却依旧能够获得良好的节日体验。

同理，在我国传统节日对外传播过程中，由于传播方与受众在心理范式、行为习惯、文化背景、宗教信仰等众多方面均有所不同，如果没有特定的物质元素做载体，传播对象对于其中抽象的深层文化内涵的理解也就无从谈起。所幸我国传统节日内容丰富多彩，每个节日中既含有大量的精神内容，同时又包括众多的物质元素。通过对这些物质元素进行充分的挖掘，将其中最具节日文化代表性的元素与符号具象化、商品化由实到虚，由易到难的传播方式，使海外民众首先被我国传统节日商品所吸引，进而产生了解我国传统节日文化内涵的需要。令人遗憾的是，目前来看，我国传统节日对外传播过程中，一是没有明确统一的节日符号与物质元素可以作为我国传统节日文化的代表，二是忽视了节日商品在节日传播过程中的重要地位和作用，导致每逢节日期间，我国政府虽然下大力气在海外举办了大量的节日展演活动，但海外民众丝毫没有理解其中的含义。因此，在我国传统节日对外传播的过程中，应采取节日商品与节日文化相辅相成的对外传播策略，避免传而不通现象的发生。

三、相似相容原理的运用

在自然科学中，有一种相似相溶的理论，主要指不论是液体、气体还是固体，只要溶质与溶剂在结构上彼此相似，那么它们便彼此互溶，二者在结构上越相似，其互溶度越高。实际上在不同文化的接触与交流过程中也同样存在这种现象。当两种不同形态的文化相遇时，如果二者在意义及内容层面存在的交集越多，那么它们相互之间传播与交流所能取得的效果也就越为理想。本研究称之为文化交流中的"相似相容原理"。在我国传统节日对外传播过程中，传播的最终目的无非是希望海外民众充分了解我国传统节日中所具有的深层文化内涵及意义，通过加深对中国传统文化的理解进而更加全面客观地认识中国。因此在传播过程中，应注重采用相似相容原理的对外传播策略，寻找我国传统节日与受传对象在文化层面能够产生交集的内容，进行优先传播、重点传播，首先确保所传内容不会招致对方的反感与抵触，不会触碰对方的禁忌，才有可能寻求后续进一步的传播与发展。这也就是心理学家所说的，"吸引力的产生与主客体双方的熟悉性和相似性有直接关联，主客体间越是熟悉和相似，就越容易产生吸引力"（吴瑛，2009）[47]。

西方传教士来华传教的历史以及西方传统节日在我国的成功传播充分印证了相似相容原理的可行性与重要性。忻剑飞在全面梳理历史上基督教对华传教活动后指出，14世纪天主教在华传教活动之所以能够取得突破性进展，很大程度上得益于当时汗八里（今北京）总主教孟高维诺深谙中国文化。随后，16、17世纪以利玛窦为代表的众多传教士为了便于在华传教活动的开展，对中国文化进行了更为深入和系统的研究，尝试将西方宗教文化与我国传统儒家文化进行关联，提出了基督教所信奉的"Deus（天主）"等同于儒家学说中的"上帝"和"天"；基督教与儒家文化中均存在有灵魂不灭与天堂地狱之说；儒家文化与基督教教义一致，但需后者补足等一系列说法。更加耐人寻味的是，在这一过程中，利氏只强调西方宗教文化与我国孔子学说所具有的相关性和一致性，排斥我国其他学派的学说，甚至也否定了除孔子以外其他儒家思想继承者的理论。究其原因，乃是利氏是出于中国人尊古、崇古的文化心理，由此足见当年利氏对中国文化了解之深入。如今来看，利氏当年的这套理论之中虽然含有不少牵强附会、生搬硬套乃至自相矛盾的内容和意味，但在当时却为基督教在华的传教活动打开了一片天地。而西方传统节日在我国所进行的"本土化"传播，实际上也是对各个节日之中最能够为国内民众所接受和适应的内容进行优先传播。可以想象，如果西方传统节日在我国传播初期一味宣扬其最为核心的宗教文化，势必不会在我国取得有利的发展态势。因此，在文化对外传播和交流过程中，采用相似相容原理是我国传统节日对外传播活动得以开展的前提。

第六节 小结

综上所述，通过对我国传统节日对外传播理论依据、目标规划、资源利用、传播内容以及传播效果等方面进行深入分析后，本章提出了我国传统节日对外传播的四种发展方式。其中，在对外打造品牌节日方面，应凝炼节日文化内涵，创新节日文化产品，保证节日传播的连续性，以及借鉴西方节日管理思路及运作理念；在媒体海外拓展方面，应在继续加强国内媒体对外传播我国传统节日的同时，积极尝试通过与境外媒体开展合作传播我国传统节日；在传播主体及渠道培养方面，应努力推进传播主体的多元化与传播渠道的多样化进程；在对外传播活动研判及评估方面，应重视传播链条上各个环节的信息反馈，系统研判西方主流媒体的相关报道，全面评估我国传统节日对外传播活动的开展情况，丰富我国传统节日对外传播效果评估的方式与方法。同时，在实施的过程中，还应采用传播力与影响力协同发展，节日产品与节日文化相辅相成，运用相似相容原理等具体提质增效的措施进行辅助配合，充分保障的有效实施。

第六章

结论与展望

　　本研究通过采用文献分析、文本分析、深度访谈、个案分析等研究方法，对我国传统节日对外传播的理论依据及目标规划、我国传统节日对外传播的核心内容以及我国传统节日对外传播的资源利用与实际效果进行了全面的总结和分析，并在此基础上提出了我国传统节日对外传播的节日品牌、媒体海外拓展、传播主体及渠道培养、对外传播活动研判及评估四种方式，以及针对上述发展方式提质增效的具体实施路径。

　　不容置辩，我国文化"走出去"的步伐已然迈开，各项传统文化精髓竞相登上国际舞台，文化层面的对外传播与交流活动频频开展，然而在这一派欣欣向荣景象的背后，我们不得不看到和承认，能够指导具体实践活动的，与文化对外传播相关的理论研究在我国尚处于研究的初级阶段，远远落后于实际情况的需要。社会发展的规律表明，理论与实践相辅相成、缺一不可，只有理论与实践相结合，协同发展才能更好地推动社会的进步与发展。而当下，在我国文化对外传播领域，理论研究的滞后不仅阻碍了对外传播效果的取得，同时也制约了对外传播活动的进一步开展。本研究的目的即在于为我国传统节日的对外传播活动提供科学指导及理论支持，帮助其取得理想的传播效果，指导其未来活动的深入开展。

　　从理论研究发展的角度来看，文化对外传播理论研究实际上在我国经历了一个从无到有、从边缘到中心、从简单到复杂的发展过程。这既是历史发展的需要，同时也是社会发展的必然，与国家的发展和需要更是密不可分。在早期，对外传播理论研究的工作重点和首要任务更多地集中在政治领域，服务于国与国之间双边、多边关系的需要，鲜有学者将文化对外传播作为独立的研究对象进行全方位审视。从20世纪末开始，随着大众传播方式的不断完善及网络传播方式的日趋成熟，全球信息传播体系逐渐形成，不同国家和民族之间在文化层面上的接触、碰撞与融合现象大量涌现，并占据了越来越重要的位置。在这种情况下，我国领导人及时将文化纳入我国对外传播的大格局之中，至此国内不少学者开始关注文化对外传播领域，并就这一议题著书立说，并取得了巨大的突破，我国整体文化对外传播工作得以顺利开展。而随着文化对外传播工作的不断开展和深入，我国各项传统文化精髓对外传播活动呈百花齐放态势，新的理论问题也随之而来。众所周知，中国传统文化包罗万象、博大精深，能够作为中国传统文化精髓代表的项目不胜枚举。现有的理论虽然能够从宏观层面为我国文化对外传播工作提供指引，但无法从中观及微观层面为具体的对传播活动提供更具针对性的指导，导致我国文化对外传播活动的开展态势虽然从整体上看一派欣欣向荣，而实际上则是毫无章法，这正是当下我国文化对外传播理论研究中较为薄弱的一环。因此，如何为能够代表我国传统文化精髓的各个项目提供更具针对性的对外传播策略与传播路径，是未来我国文化对外传播理论研究的工作重点之一，而这也正是本研究的意义所在。

同时，在整个研究过程中，笔者采用跨学科或多学科交叉的研究思路，全面借鉴了传播学、社会学、民俗学以及心理学等多个学科的基础理论，并合理地利用了各个学科中与本研究相关的最新研究成果，针对研究议题进行了更加全面、更加系统，以及更加深入的理论创新与系统建构，有效地弥补了目前该议题研究领域中多学科交叉研究的空白与缺失，因而具有一定的创新性。

　　本研究指出，短期内，我国传统节日对外传播的工作重点应集中在巩固春节国际地位、丰富我国传统节日对外传播渠道及方式、精炼我国传统节日对外传播内容等方面。近年来，得益于多方因素的共同努力，春节及其文化内涵在海外民众中间的知名度已然提升不少，因此应该通过进一步扩大和巩固春节的国际地位及其影响力，努力将春节打造成为一个世界知名、全球共享的国际化节日。在对外传播渠道及方式方面，由于国际信息的生产、加工与传播依然主要由西方媒体牢牢掌控，与我国传统节日相关的报道往往不能正确地解读我国传统节日文化，这就需要我国媒体在国际上建立成熟、完善、高效的信息采编系统及传送平台，发出真正的"中国声音"。在解决了发声问题之后，紧接着便是如何讲好"节日故事"的问题。在面对拥有不同历史、文化、语言、制度、习俗的群体进行跨文化传播时，我国传统节日应对传播内容进行策略上的精炼与取舍，以双方经验交集和共有的意义空间作为突破口和出发点，最大限度地寻求双方的共性，努力减少双方的差异与冲突。

　　从长远发展的角度来看，我国传统节日对外传播应将以春节为依托推动我国其他传统节日走出去、建立健全我国传统节日对外传播评估体系、使海外民众更好地理解我国传统文化精髓等内容作为我国传统节日对外传播的核心任务。实际上，我国传统节日对外传播的最终目的并不仅仅局限于将春节打造成为世界人民所共享的国际性节日，诸如端午节、中秋节、七夕节、重阳节等其他传统节日同样也是未来对外传播和发展的重点。这些传统节日通过不同侧面、不同角度同样传递着我国传统文化的价值观念及哲学思想，因此在对外传播过程中同样具有极为重要的价值和意义。而鉴于对外传播活动的复杂性，在未来的发展过程中，应逐步对包括传播主体、传播渠道、传播内容、传播对象、传播效果等在内的各个环节进行全面系统的评估，使传播活动的开展更有针对性，避免不切实际的盲目投入。最后，随着我国传统节日对外传播活动分步骤、分层次的开展，海外民众经过长期的接触与参与，能够逐渐透过纷繁复杂的节日表象认识到其中所具有的深层文化内涵，更加全面、客观地了解到中国人的文化精髓和处世哲学。

在对外传播重点及方向上，本研究指出应充分运用陆地教授的周边传播理论作为总体理论指导依据，并以不同文化圈层与我国传统文化的相似性与相关性为参照，地理上的邻近及频繁的商贸往来，使得处于儒家文化圈内的各个国家的民众对于中国传统文化有较高的认知度，传播方式可以更为直接，传播内容也可以更为复杂。基督教东传的历史以及近年来西方传统节日在我国成功传播的事实也更加印证了，如果采取适当的传播策略，我国传统节日在基督教文化圈传播是具有高度可行性的，应充分借鉴西方传统节日在我国"本土化"的模式，淡化我国传统节日中有可能与其宗教文化产生直接对抗的内容，转而强调和突出节日之中为人类普遍认可和追求的价值。我国传统节日在伊斯兰文化圈内进行传播时，更应注意选择具有成熟、稳定传播模式的节日模式与方法。

针对我国传统节日本体研究表明，我国传统节日的形成离不开自然、社会以及文化等方面的作用和影响。早期，先民们对于很多自然及气候现象并不理解，便认为上天有灵，编造出了众多各司其职的神灵，定期举行祭祀仪式，相沿成习。后来，百姓们依据农业生产的客观发展规律，对自己的作息规律进行调整形成了早期节日的时间框架。而中国社会伦理型的文化传统也要求人们有一个能够祭祀祖先，孝敬长辈，强化血缘、亲缘关系以及民族文化归属感的特殊时间节点。我国传统节日形成后在仪式、传说以及精神寄托等方面具有一定的特征。其中，每个传统节日中都具有特殊的仪式、活动、饮食及传说，使得其与日常相区别。人们在参与这些仪式和活动的过程中，往往会将个人的美好愿望以及功利诉求寄托其中。经过千年的传承与发展，我国传统节日继承了我国传统文化的精髓，并体现出了顺天时、重人伦、思集体的文化内涵及哲学思想。与农业的密切相关性，使得人们在节日的设置上充分遵循自然时序的变化规律。而节日期间，阖家团聚、走亲访友等众多仪式和活动则体现了父子、君臣、妇女、兄弟、朋友之间的伦理道德关系，强调以家庭、家族等为中心的集体式参与，通过与他人的互动获得个人的满足。

而在当下，我国传统节日在传播过程中大多是由政府牵头，并按照行政方式进行运作，很少有企业或者专业机构承办，并且在节日活动举办过程中呈现出两极分化的趋势，一种是只注重对思想品德和道德情操的宣传，节日的举办完全依附于政府的财政拨款；另一种则是过分追求节日活动的经济效益和盈利能力，传统节日文化中所蕴含的优秀精神属性被极度地边缘化，物质消费成为整个活动的主要内容。对此，亟须通过对节日活动的传播主体、传播渠道以及传播内容等方面进行调整与改进。在节日活动开展初期，面对激烈的市场竞争，由政府提供必要的支持与保护。当节日活动发展到一定程度和规模时，逐渐采用"政府引导、市场运作、社会参与"的市场化运作模式，淡化政府的主体地位与作用，聘请专业节庆公司或成立节日组委会独立运营，逐步实现"以节养节、以节强节"的目标。在节日活动举办的前期、中期乃至后期，充分利用各种传播媒介和传播手段，使节日的传播力与影响力进一步扩大。并且在节日活动开展的整个过程中，始终注重和秉持物质与精神、传统与现代相互融合的发展思路与运营理念。只有这样才能保证我国传统节日在当下西方节日强势入侵之时，保持自身应有的地位和影响。

针对我国传统节日对外传播现状的研究显示，目前我国传统节日对外传播实际上处在最为有利和最为宽松的环境下。从国内环境来看，民众文化自觉意识的提高、非物质文化遗产保护机制的完善、地方旅游业的兴起以及官方媒体对外的发展均为我国传统节日的对外传播创造了极为有利的条件。当下，为了能够进一步参与到各类国际事务之中，我国在不断地发展着自身的软实力，不论是官方层面，还是民间社会，对中华传统文化自觉的醒悟以及对中华传统文化复兴的渴望日趋明显。这种持续、稳固的"文化热"现象和不可阻挡的传统文化复兴呼声无疑对我国传统节日对外传播提供了间接的帮助与支持。同时，近些年来，我国非物质文化遗产保护工作进入了一个较为快速和繁荣的发展期，我国不少传统节日被列为世界级或国家级非物质文化遗产，奠定了其自身的影响力和重要性。而我国地方节庆经济的蓬勃发展，使得各个地方政府在增加收入的同时，有意或无意地传播了我国优秀传统节日文化，并且节庆活动举办专业化程度的不断提高，运营理念的不断成熟，以及发展模式的不断完善，为我国在海外推广和举办传统节日活动提供极为宝贵的经验和思路。此外，由于国家文化发展战略的需要，以报刊、广播、电视以及新媒体等为代表的大众传播媒体在对外频道建设、平台建设、信号覆盖以及人员配备等方面均取得了极大的进展，在传播渠道方面为我国传统节日对外传播提供了极大的便利。

而从国际局势来看，多元文化并存、文化安全问题凸显以及东西方文化认同同样也为我国传统节日的对外传播提供了极为有利的条件。世界文化多样性格局的形成，使得对他国文化的认同与对文化共性的追求成为当下国家间合作的基础与前提。为了开展更多的合作，谋求更大的发展，世界其他国家渴望通过包括我国传统节日在内的任何方式和渠道从文化层面对中国进行更多的了解。文化认同在国际交往中显示出的巨大影响力使得各个国家更加注重本国文化的对外传播。对于这一过程中有可能产生的安全问题，包括中国在内的大多数国家选择了对内深入挖掘自身优秀文化传统，对外大力弘扬自身优秀民族文化的积极应对策略。全球经济一体化以及国际社会所面临的一系列冲突和问题使得东西方文化均认识到了自己的不足，并认识到了对方所具有的独特优势。在这种条件下，我国传统节日作为东方文化的重要载体，在对外传播时也将更加易于获得海外民众的认可和重视。

我国政府紧紧抓住这一有利时机，从 2001 年起，开始有意识、有目的地对外传播春节文化。每年春节期间，文化部都要派遣国内优秀的文艺团组参与世界各地的新春庆祝活动，20 多年来从未间断，其间积累了大量对外传播的宝贵经验。2010 年，对外文化交流重大品牌活动——"欢乐春节"诞生，这是目前我国政府重点打造的传统文化对外传播的品牌活动，代表了当前我国传统节日对外传播的最高水准。欢乐春节活动的举办使中国与世界其他国家的关系获得了进一步的发展和深化，为中华文化提供了与世界其他国家和地区优秀文化进行相互学习与交流的机会，在激发海外民众对中国文化浓厚兴趣的同时，充分展示了中华文化的独特魅力和现代中国的良好形象。而取得上述良好效果的关键首先离不开我国政府及海内外相关部门的鼎力支持，其次得益于在同一时间不同城市同时开展活动所带来的浩大声势，最后国内外媒体的关注与报道同样也功不可没。

在我国全力开展对外传播传统节日工作之时，西方传统节日早已在我国广泛传播，近些年来在国内的影响力和人气值更是与日俱增，以宗教文化为基础的西方传统节日已经在一定程度上"真正"融入国内民众的日常生活。本研究通过对出版书籍、新闻类网站以及民意调查分析后发现，目前在我国传播的西方传统节日主要有：母亲节、父亲节、圣诞节、情人节、愚人节、感恩节、万圣节、教师节以及复活节。这些节日传播到我国后，节日中原有的宗教色彩明显淡化，只保留了节日中强调个人和享乐的特点。相应地，国人在过西方传统节日时，也并没有过多地考虑其所具有的宗教背景和深层含义，更多的是在节日里进行放松身心、娱乐自我的消费性行为。由此可以看出，西方传统节日在我国传播的过程中，其节日的内容和形式明显本土化，与宗教相关的内容明显边缘化。而从参与群体的年龄来看，30 岁以下的民众对于西方传统节日最为热衷。

西方传统节日在我国的传播也给国内民众的生活带来了一定的影响。具有异国风情的节日丰富充实了我国民众的业余文化生活，并且刺激了民众的消费欲望，促进了国内经济的发展。与此同时，西方传统节日在我国的传播同样也对我国自身传统节日的生存状况产生挤压与损害，并在一定程度上危及我国青年一代对自身传统文化的认同。然而只要我们能够对这些问题保持应有的警觉，对国内的商家和媒体进行一定的约束和引导，并对我国自身的传统节日进行积极的弘扬和传播，就完全没有必要对上述不利影响产生过度的焦虑与恐惧。

通过进一步对西方传统节日在我国传播的原因进行分析，本研究发现，西方传统节日之所以能够在我国传播，其中既有我国内部自身的历史原因，同时也有外力作用，此外还与西方传统节日本身所具有的特性相关。国人在文化层面上的自卑心理给予了西方传统节日进入我国提供了合适的契机，而我国传统节日体系的断裂以及民众节日文化记忆的缺失也为西方传统节日进入我国留下了理想的空间。近代以来，为了改变国家落后挨打的局面，中国的文化精英阶层提出了"全盘西化"的文化发展思想和策略，对我国传统文化进行全盘否定和抛弃，始终觉得西方文化代表先进，传统文化代表落后，国人文化自卑的心理定式也由此形成。文化自卑心理一旦形成，便开始在政府的决策制定和民众的行为规范层面显现出来。随着农历的废除以及"文化大革命"的开展，我国传统节日接二连三地遭到破坏，最终导致整个节日体系的断裂。这种断裂导致随后的几十年里国人传统节日文化记忆的空白和缺失，民众精神生活的空虚和不足只能依靠过外来节日来进行填补。

　　西方传统节日之所以能够传入中国，除上述我国文化发展过程中自身内部所出现的一些动荡和问题外，同样还离不开近年来西方经济与文化在我国传播和西方传统节日本身所具有的特性所带来的影响。随着改革开放、中国入世，海外资金及人员的到来无形之中也将西方人的工作方式与生活习惯带到了国内，国内民众开始对西方传统节日进行狂热的追捧。西方传统节日中强调个人情感释放、尊重人权、强调人与人之间平等关系以及享乐主义思潮等理念极大地满足了国内民众情感表达方面的需要，为其今后在我国进一步传播打下了坚实的基础。

　　在对西方传统节日在我国传播现状及原因进行分析的基础上，本研究对西方传统节日在我国传播的经验进行了总结。首先，西方传统节日在传入我国后，吸取了当年天主教在我国传教的经验，并未一味地固守和强调其宗教属性，而是为迎合和吸引更多的节日参与者进行了适当的"本土化"调整与改造。其次，具象化、商品化的节日符号在传播的过程中起到了关键性的作用，这些节日符号具有高度的象征性和代表性，每一个节日符号中均包含着相应节日的文化内涵及意义，使得节日更加立体、更加直观，既在时间上展开也在空间中延伸。每当相应的节日符号开始逐渐出现在街头巷尾之时，浓厚、温馨的节日氛围就能够轻而易举地营造出来，国内民众也能够很容易地注意并意识到节日的来临。最后，西方传统节日中所具有的消费属性及节日符号中所蕴含的巨大的商业价值，诱使国内商家与媒体每逢西方传统节日来临之际都要对其进行一番大肆的宣传与炒作，在无形之中成为西方传统节日在我国传播的重要推手。

　　由此，我国传统节日的对外传播的发展方式及增效提质的具体实施路径也明晰起来。本研究提出我国传统节日对外传播的节日品牌、媒体海外拓展、传播主体及渠道培养以及对外传播活动研判及评估四种方式。其中，为了打造对外品牌节日，应凝炼节日文化内涵，创新节日文化产品，保证节日的延续性，以及借鉴西方节日管理思路及运作理念；为了加大媒体的传播力度，应在继续加强国内媒体对外传播我国传统节日的基础上，积极尝试通过境外媒体传播我国传统节日；为了拓展节日传播主体与渠道，应积极推进传播主体多元化与传播渠道的多样化；最后为了加强节日对外传播效果的研判与评估，应重视来自传播链条上各个环节的信息反馈，研判西方主流媒体的相关报道，评估我国传统节日对外传播的开展情况，以及不断丰富评估的方式与方法。

在增效提质的具体实施路径方面，本研究提出，传播力与影响力协同发展、节日文化与节日产品共同传播、相似相容原理的运用以及文化圈层理论的实施四点对外传播策略。首先，传播活动的客观发展规律已然表明，传播效果的好坏并不由传播链条上的单一环节或要素的发展情况来决定，只有在传播链条上的各个环节及要素处于较为合理的均势发展态势之中，才有可能取得理想的传播效果。因而，在我国传统节日对外传播过程中，传播力与影响力应始终保持相辅相成的发展态势，其中任何一方要想获得更进一步的发展都离不开另一方提供的支持与保障。其次，在我国传统节日对外传播过程中，由于传者与受者在心理范式、行为习惯、文化背景等很多方面都有所不同，如果没有特定的物质元素做载体，传播对象对于其中抽象的深层文化内涵的理解也就无从谈起。因此，在我国传统节日对外传播的过程中，应采取节日商品与节日文化相辅相成的对外传播策略，避免传而不通现象的发生。此外，我国传统节日对外传播的最终目的无非是希望海外民众以我国传统节日为载体了解其中所具有的深层文化内涵及意义，通过加深对中国传统文化的了解来更加全面客观地认识中国。因此，在对外传播过程中，就应注重寻找节日文化中与其他文化能够产生交集的内容，进行优先传播、重点传播，首先确保所传内容不会招致对方的反感与抵触，而后寻求后续进一步的传播与发展。

　　总的来说，我国传统节日对外传播是一项极为复杂和浩大的研究议题，其中每一个环节都需要投入大量的时间与精力，绝非一两个学者，一两篇文章就可以一蹴而就的。在本研究中，笔者迫于个人时间与精力所限，很多章节及内容未能做到进一步地深入，实属遗憾。实际上，这也是所有进行对外传播研究以及国际传播研究的学者所普遍存在的难处。此外，如忻剑飞（2013）[359]所说，"不同的认识手段，不同的观察工具，不同的研究环境，甚至不同的观察者所具有的主观因素，都会影响到观察对象的属性表现和认定"。因此，笔者在整个研究过程中，虽然时刻谨记保持一个研究者的客观与中立，但终究不免掺杂主观的成分，所采用的研究方法，看问题的角度也不可能做到面面俱到，这些也会导致文章主题在价值和意义方面远未得到充分的展示和全面的体现。有鉴于此，本书意在与有志之士共同学习，相互探讨，为我国传统节日对外传播的发展贡献自己一份微薄的力量。然而，可以肯定的是，在文化强国、文化兴国的今天，我国节日文化传播的学者们会继续加快、加强对我国传统节日海外传播机制的研究与探索，将我国众多优秀传统节日，更加科学地、系统地、具有针对性地传播到世界上的每一个角落，让我国的传统文化精髓为世界人民所共享。

参考文献

一、中文文献

蔡丰明. 城市语境中的民俗保护：当代上海城市民俗文化遗产保护与利用研究 [M]. 上海：上海社会科学院出版社，2009.

常天. 节日文化 [M]. 北京：中国经济出版社，1995.

朝戈金. 中国民俗学 [C]. 桂林：广西师范大学出版社，2012.

程健君. 中国传统节日文化研究：春节 [M]. 开封：河南大学出版社，2018.

程曼丽，王维佳. 对外传播及其效果研究 [M]. 北京：北京大学出版社，2011.

辞海编辑委员会. 辞海（缩印版）[G]. 上海：上海辞书出版社，1979.

丛书编委会. 大中国上下五千年：中国民俗文化大观 [M]. 北京：外文出版社，2010.

范建华. 中华节庆辞典 [M]. 昆明：云南美术出版社，2012.

费孝通. 美国人的性格 [M]. 上海：华东师范大学出版社，2013.

高巍. 中国传统节日的文化研究及其实践应用 [M]. 北京：北京燕山出版社，2017.

高有鹏. 庙会与中国文化 [M]. 北京：人民出版社，2008.

顾军，苑利．文化遗产报告——世界文化遗产保护运动的理论与实践 [R]．北京：社会科学文献出版社，2005.

国家新闻出版广电总局发展研究中心．中国广播电影电视发展报告 2014 [R]．北京：社会科学文献出版社，2014.

郭庆光．传播学教程 [M]．2版．北京：中国人民大学出版社，2011.

韩养民，郭兴文．中国古代节日风俗 [M]．西安：陕西人民出版社，1987.

侯玉波．社会心理学（第三版）[M]．北京：北京大学出版社，2013.

胡朴安．中华全国风俗志 [M]．上海：广益书局，1923.

[加] 马歇尔·麦克卢汉．理解媒介：论人的延伸 [M]．何道宽，译．南京：译林出版社，2011.

李彬．传播学引论（增补版）[M]．北京：新华出版社，2003.

李斌．社会学 [M]．武汉：武汉大学出版社，2009.

李汉秋，熊静敏，谭绍兵．中华节日 [M]．南昌：百花洲文艺出版社，2009.

李华驹．21世纪大英汉词典 [G]．北京：中国人民大学出版社，2003.

李露露．中国节：图说民间传统节日 [M]．福州：福建人民出版社，2011.

梁冬梅．跨文化传播研究（第一辑）[C]．北京：中国社会科学出版社，2010.

林慧．文化记忆的追寻与重建——中国传统节日保护对策研究 [M]．北京：中国人民大学出版社，2017.

刘德谦，马光复．中国传统节日趣谈 [M]．石家庄：河北人民出版社，1983.

刘双，于文秀．跨文化传播：拆解文化的围墙［M］．哈尔滨：黑龙江人民出版社，2000．

娄子匡．新年风俗志［M］．北京：商务印书馆，1935．

罗启荣，阳仁煊．中国传统节日［M］．北京：科学普及出版社，1986．

马汉臣．民间庙会［M］．太原：山西经济出版社，2009．

马薛刚．后冷战时期国际关系民主化探究［D］．昆明：昆明理工大学出版社，2011．

［美］艾尔·巴比．社会研究方法［M］．邱泽奇，译．11 版．北京：华夏出版社，2009．

［美］艾略特·阿伦森，等．社会心理学［M］．侯玉波，等译．7 版．北京：世界图书出版公司北京公司，2012．

［美］拉里·A. 萨默瓦，等．跨文化传播［M］．闵惠泉，等译．6 版．北京：中国人民大学出版社，2013．

［美］萨缪尔·亨廷顿．文明的冲突与世界秩序的重建［M］．周琪，等译．修订版．北京：新华出版社，2009．

［美］威尔伯·施拉姆，威廉·波特．传播学概论［M］．何道宽，译．2 版．北京：中国人民大学出版社，2010．

［美］约翰·J. 麦休尼斯．社会学［M］．风笑天，等译．11 版．北京：中国人民大学出版社，2009．

乔继堂．细说中国节：中国传统节日的起源与内涵（插图珍藏本）［M］．北京：九州出版社，2006．

乔继堂，朱瑞平，任明．中国岁时节令辞典（修订版）［G］．北京：中国社会科学出版社，1998．

邱芬．中华文化传统经典：节日诗词［M］．合肥：黄山书社，2012．

邵培仁. 传播学（修订版）[M]. 北京：高等教育出版社，2007.

苏州市传统文化研究会. 传统文化研究（第二十辑）[C]. 北京：群言出版社，2013.

王春雷，赵中华. 2009 中国节庆产业发展年度报告 [R]. 天津：天津大学出版社，2010.

王文章. 弘扬传统节日文化现状与对策 [M]. 北京：文化艺术出版社，2012.

吴铎，文军. 社会学（第二版）[M]. 北京：高等教育出版社，2011.

吴瑛. 文化对外传播：理论与战略 [M]. 上海：上海交通大学出版社，2009.

夏征农，陈至立. 辞海（第六版 彩图本）[G]. 上海：上海辞书出版社，2009.

萧放. 传统节日与非物质文化遗产 [M]. 北京：学苑出版社，2011.

萧放. 春节 [M]. 北京：生活·读书·新知三联书店，2008.

萧放. 话说春节 [M]. 上海：上海古籍出版社，2008.

忻剑飞. 世界的中国观——近二千年来世界对中国的认识史纲 [M]. 上海：学林出版社，2013.

[美] V. 巴尔诺. 人格：文化的积淀 [M]. 周晓红，等译. 沈阳：辽宁人民出版社，1989.

杨琳. 中国传统节日文化 [M]. 北京：宗教文化出版社，2000.

[英] 泰勒. 原始文化 [M]. 蔡江浓，译. 杭州：浙江人民出版社，1988.

乐国安. 社会心理学 [M]. 北京：人民大学出版社，2009.

张勃. 唐代节日研究 [M]. 北京：中国社会科学出版社，2013.

张君. 神秘的节俗: 传统节日礼俗、禁忌研究 [M]. 南宁: 广西人民出版社, 1994.

张士闪. 中国民俗文化发展报告 [R]. 北京: 北京大学出版社, 2013.

张晓华. 中国传统节日文化研究 [M]. 北京: 中国青年出版社, 2007.

张晓明, 王家新, 章建刚. 中国文化产业发展报告 (2014) [R]. 北京: 社会科学文献出版社, 2014.

赵东玉. 中华传统节庆文化研究 [M]. 北京: 人民出版社, 2002.

赵月枝. 传播与社会: 政治经济与文化分析 [M]. 北京: 中国传媒大学出版社, 2011.

仲富兰. 民俗传播学 [M]. 上海: 上海文化出版社, 2007.

周鸿铎. 传播学教程 [M]. 北京: 中国书籍出版社, 2010.

周星. 国家与民俗 [C]. 北京: 中国社会科学出版社, 2011.

周星. 乡土生活的逻辑: 人类学视野中的民俗研究 [M]. 北京: 北京大学出版社, 2011.

李萌羽. 跨文化交流 [M]. 青岛: 中国海洋大学出版社, 2011.

贝西. "欢乐春节": 把中国文化价值与世界共享 [J]. 中外文化交流, 2014 (4): 12 – 14.

蔡帛真. 我国传统文化的对外传播策略 [J]. 今传媒, 2014, 22 (2): 126 – 127.

陈欢. 从中国节日现状看中西文化交流 [J]. 天府新论, 2009 (B06): 212 – 213.

褚艳蕊, 高建福. 中西方传统节日文化对比研究 [J]. 剑南文学: 经典阅读, 2013 (9): 444.

崔玉宾. 中国文化 "走出去" 的现状及对策分析 [J]. 人民论坛: 中旬刊, 2013 (2): 172 – 173.

高丙中．民族国家的时间管理——中国节假日制度的问题及其解决之道［J］．开放时代，2005（1）：73 - 82.

关世杰．试论二十一世纪的中西文化交流［J］．北京大学学报：哲学社会科学版，1998（5）：50 - 58.

桂韬．我国动漫产品出口面临的文化贸易壁垒及对策［J］．对外经贸实务，2013（10）：52 - 55.

郭万超，王丽．北京加强"一带一路"对外文化传播路径研究［J］．科技智囊，2018（4）：58 - 68

何慧媛．媒体如何有效利用境外社交媒体平台［J］．对外传播，2015（6）：70 - 72.

侯斌．从"5W 模式"看中华文化的对外传播［J］．新闻世界，2014（1）：165 - 166.

侯湘华．"欢乐春节"：对外文化交流的靓丽品牌［J］．公共外交季刊，2012（2）：79 - 83.

黄佳明．传统节日文化的现代困境及其出路［J］．沧桑，2010（4）：179 - 180.

黄天娥，王菲菲．西方节日文化中国本土化研究［J］．大舞台，2014（3）：242 - 243.

霍雪莹．中华文化对外传播借鉴日本文化传播模式研究［J］．今传媒，2014，22（4）：152 - 153.

贾晓峰．从时尚文化的角度探讨西方洋节的中国化——以"圣诞节"和"情人节"为例［J］．河北联合大学学报，2012，12（1）：47 - 49.

金吉华，郑晓坤．西方文化传播方式对中华文化对外传播的启示［J］．吉林省教育学院学报：下旬，2014，30（1）：139 - 140.

金升霞．略谈西方节日对中国传统节日的冲击［J］．长江大学学报：

社会科学版，2005，28（6）：83 - 84.

李彩萍．传统节日的传承与保护 北京民俗博物馆传统节日活动的实践与思考［J］．中国博物馆，2008（4）：44 - 48.

李贺．海外华文传媒中国传统节日的报道框架分析——以《侨报》2011 年春节报道为例［J］．新闻世界，2011（8）：242 - 243.

李汉秋．核心价值观须立足优秀传统文化［N］．光明日报，2015 - 02 - 03（4）．

李倩．外国专家纵论中国形象对外传播［J］．对外传播，2013（8）：20 - 22.

李世军．论中国传统节日文化的哲学内涵和意义——以端午节为例［J］．榆林学院学报，2013，23（5）：31 - 34.

李欣．比较视野中的中西传统节日文化［J］．中州学刊，2008（4）：243 - 245.

李宇，关世杰．提高对外传播影响力的文化路径：以文化吸引力增强议程设置力［J］．电视研究，2010（10）：28 - 31.

梁燕城．民俗、节日与城市文化设计——关于民俗文化的意义与重建的对话［J］．北京规划建设，2014（3）：116 - 121.

刘魁立．我们中国人自己的传统节日体系［J］．江西社会科学，2011（5）：241 - 246.

刘思佳，王青亦．新中国国际传播历史分期再研究［J］．佳木斯大学社会科学学报，2012，30（6）：176 - 178.

刘锡诚．传统节日文化的继承与发展［J］．徐州工程学院学报：社会科学版，2013，28（4）：74 - 81.

刘子靖．国际社会文化报道之西方节日报道［J］．传播与版权，2015（5）：10 - 11.

陆地，许可璞，陈思．周边传播的概念和特性——周边传播理论研究系列之一［J］．现代传播，2015（3）：29 – 34.

孟威．构建全球视野下中国话语体系［N］．光明日报，2014 – 09 – 24（16）。

单波．跨文化传播的基本理论命题［J］．华中师范大学学报：人文社会科学版，2011，50（1）：103 – 113.

石国伟．山西岁时节日中的审美文化［J］．吕梁高等专科学校学报，2004，20（1）：48 – 50.

宋佳烜．海外"欢乐春节"活动步步高［N］．中国文化报，2014 – 03 – 06（12）．

宋振峰，宋惠兰．基于内容分析法的特性分析［J］．情报科学，2012，30（7）：964 – 966.

覃圣敏．壮族春节习俗研究［J］．广西民族研究，1989（3）：99 – 116.

谭舯．中国传统节日文化［J］．黄埔，2012（6）：90 – 92.

王威孚，朱磊．关于对"文化"定义的综述［J］．江淮论坛，2006（2）：190 – 192.

王学文．我国非物质文化遗产保护的"四种倾向"及对策分析［J］．民俗研究，2010（4）：30 – 43.

王月婵，刘笑非，严雪燕．浅析日本动漫产业［J］．大观周刊，2012（32）：81 – 82.

王战．湖湘文化对外传播策略与路径研究［J］．湖南师范大学社会科学学报，2015，44（1）：154 – 160.

隈斌贤．"一带一路"背景下文化传播与交流合作战略及其对策［J］．浙江学刊，2016（2）：214 – 219.

温朝霞．东西方文化的融合与全球文化的形成［J］．岭南学刊，1999

（5）：82 - 85.

文化部对外联络局 . "欢乐春节" 项目评估报告 [J] . 公共外交季刊，2014（2）：40 - 45.

武斌 . 文化传播论——以中华文化在海外的传播来讨论 [J] . 社会科学辑刊，1998（5）：41 - 47.

吴飞 . 构建有效的国际传播策略——从传播主体的多元化谈起 [J] . 对外传播，2014（2）：10 - 12.

习近平 . 携手推进 "一带一路" 建设——在 "一带一路" 国际合作高峰论坛开幕式上的演讲 [N] . 人民日报，2017 - 05 - 15（3）.

萧放 . 萧放：海外华人需要高显示度的春节符号 [N] . 中国新闻报，2014 - 08 - 29（16）.

萧放，董德英 . 中国近十年岁时节日研究综述 [J] . 民俗研究，2014（2）：75 - 89.

萧放，吴静瑾 . 20 年来中国岁时节日民俗研究综述（1983—2003）[J] . 文史知识，2005（2）：120 - 127.

谢建明 . 文化传播：模式及其过程 [J] . 南京师大学报：社会科学版，1994（2）：120 - 122.

谢莎，莫海琼 . 用约翰·菲斯克大众文化理论分析 "洋节" 消费现象 [J] . 商，2015（3）：113.

许嘉璐 . 许嘉璐谈文化 [J] . 中国计量，2012（S1）：15 - 18.

许曦明 . 从文化自卑到文化自尊——基于胡适 "全盘西化" 论的思考 [J] . 宁波大学学报：人文科学版，2010（1）：52 - 57.

杨大鹏 . 我国岁时节日文化研究综述 [J] . 长春师范学院学报：自然科学版，2014，33（1）：101 - 104.

叶小文 . 民族文化基因是中国梦的魂与根 [N] . 光明日报，2014 -

09 - 24（1）.

余博．我国海外文化传播战略亟待调整 [J]．中国党政干部论坛，2015（6）：38 - 41.

玉时阶．民族传统节日文化及其传承与改革 [J]．中南民族大学学报：人文社会科学版，1990（1）：8 - 13.

余树远．谈谈春节消费高峰的一些特点 [J]．商业研究，1985（2）：20.

袁钟仁．对外文化交流与广东文化的发展 [J]．学术研究，1986（2）：8 - 9.

张勃．春秋二社：唐代乡村社会的盛大节日——兼论社日与唐代私社的发展 [J]．华中师范大学学报：人文社会科学版，2011，50（3）：124 - 131.

张慧彬．我国民族文化对外传播活动模式初探 [J]．东南传播，2009（3）：53 - 54.

张昆．正视文化差异，增强对外传播的有效性 [J]．新闻记者，2013（9）：48 - 50.

张晓华．中国传统节日的内在价值及意义 [J]．前进论坛，2005（1）：15 - 16.

张燕．从好莱坞电影看美国文化传播及对中国的启示 [J]．今传媒，2014，22（3）：24 - 26.

张振梨．"春节"探微 [J]．兰州大学学报：社会科学版，1982（1）：73 - 81.

赵美玲，赵以保．对"洋节"热的思考 [J]．当代社科视野，2008（6）：38 - 41.

周瑾．中国文化元素在对外传播中的应用 [J]．对外传播，2008（8）：47 - 50.

周良发．梁漱溟与钱穆的文化观比较［J］．阿坝师范高等专科学校学报，2011，28（4）：54 - 57．

周勇．美国发布数据报告显示：文化艺术产业已占 GDP 重要比重［N］．中国文化报，2014 - 07 - 10（10）．

"欢乐春节"活动缘起和发展［EB/OL］．文化传通网，2015 - 01 - 26．

丁峰．习近平：孔子学院属于中国 也属于世界［EB/OL］．新华网，2014 - 09 - 27．

董林．2010"欢乐春节"中国文化活动新闻发布会曼谷举行［EB/OL］．中国文化网，2010 - 02 - 04．

光明网评论员．"禁过圣诞节"是一招文化臭棋［EB/OL］．光明网，2014 - 12 - 25．

老雷．春节味越来越淡，只因铜臭味越来越浓［EB/OL］．搜狐网，2010 - 02 - 04．

刘传．"欢乐春节"有了数字化手段［EB/OL］．人民网，2013 - 02 - 05．

刘峰．观点碰撞：春节，年味越来越淡？［EB/OL］．人民网，2004 - 01 - 30．

刘硕．中国已在 122 个国家合作开办孔子学院和课堂［EB/OL］．人民网，2014 - 08 - 09．

钱中兵．习近平在联合国教科文组织总部的演讲（全文）［EB/OL］．新华网，2014 - 03 - 28．

习近平谈中华优秀传统文化：善于继承才能善于创新［EB/OL］．人民网，2017 - 02 - 13．

孙家正．传统文化与现代化［EB/OL］．南方网，2004 - 10 - 22．

陶红."欢乐春节"为埃及人带去久违欢笑［EB/OL］.文化传通网,2014－02－27.

萧放.年节礼俗亟待复兴与传承［EB/OL］.中华妈祖网,2013－08－15.

中国互联网新闻中心.中国传统节日［EB/OL］.中国网,2012－08－13.

张小兰,高昌.今年海外"欢乐春节"呈现六个新特点［EB/OL］.中国文化传媒网,2012－01－16.

二、英文文献

HANSEN A, COTTLE S, NEGRINE R, et al. Mass Communication Research Methods ［M］. New York: New York University Press, 1998.

BAUMEISTER R F. The Self in Social Psychology ［M］. Hove: Psychology Press, 1999.

LI H L. Local Cultural Festivals in China ［M］. Beijing: Beijing World Publishing Corporation, 1992.

MARKUS H R, SHINOBU K. Culture and the Self: Implications for Cognition, Emotion, and Motivation ［J］. Psychological Review, 1991, 98 (2): 224－253.

SAMOVAR L A, PORTER R E, MCDANIEL E R, et al. Communication between Cultures ［M］. 8th ed. Belmont, CA: Wadsworth Publishing, 2012.

STELLA Ting－Toomey. Communicating Across Cultures ［M］. New York: The Guilford Press, 1999.

WILLIAM B G, STELLA Ting－Toomey, CHUA E. Culture and Interpersonal Communication ［M］. California: Sage Publications, 1988.

致　谢

　　时光荏苒，岁月如梭，四年的博士学习生活转眼即逝。在整个博士学习期间，陆地老师对于我的指导细致入微，既有学术上的谆谆教诲，又有生活上的体贴关照。这种亦师亦友的融洽氛围，以及陆地老师宽厚待人的友善方式，使得我能够将精力更加集中于学术的钻研与探索，而无须被当今社会所普遍存在的复杂人际关系所牵绊。而本书最终能够完成，更是离不开陆地老师的全力支持与悉心指导。从最开始，陆地老师就凭借其多年以来的丰富研究经验，以及对研究领域敏锐的洞察力对我的研究议题提出了极为宝贵的建设性意见，为我指明了前进的方向和道路。而针对研究的大纲和框架，陆地老师更为重视，不惜时间和精力与我进行了多次长时间的探讨，确保研究的每一个环节都不会有丝毫差错。在研究过程中，每当我遇到瓶颈或产生困惑之时，陆地老师总能第一时间找出其中的问题，对我进行恰当的点拨与指导。不得不说，如果没有陆地老师的指导与支持，我将无法取得理想的研究成果。在此，我对陆地老师致以诚挚的谢意！而陆地老师严谨的治学态度以及正直的处事方式也将始终伴随我左右。

　　除陆地老师外，在整个研究过程中，李汉秋、林继福、萧放、高丙中、张勃等其他众多专家学者也为本书提供了无私的帮助与支持。作为学术领域的前辈和先行者，他们不断地鼓励我、指引我，竭尽所能将自己多年积累的知识与经验毫无保留地传授于我，使我的研究能够站在巨人的肩膀上走得更远。对于他们的感激之情，任何语言都是没有意义的，唯有用自己的实际行动将研究做得更加扎实、更加深入。同时，在此还要感谢所有在这一研究领域中做出贡献的人，正是他们的著作、论文为我提供了大量的背景资料，开阔了我的视野，丰富了我的思想，使我能够在时间、精力有限的情况下取得较为理想的研究成果。

　　最后，在此我还要特别感谢我的家人。毫不夸张地说，为让我能够不被生活琐事所扰，专心于研究和写作，他们每一个人在这期间都做出了不小的牺牲与相应的自我调整。而每当我在研究上遇到挫折，感到迷茫时，他们总会及时帮助我释放压力，并给予我继续"战斗"的勇气和力量。对于他们的支持与奉献我永远不会忘记，唯有在未来的日子里给予家人更多的照顾与陪伴。